ALTES REITERWISSEN - NEU ENTDECKT

ALTES REITERWISSEN - NEU ENTDECKT

VERGESSENE TIPS UND TRICKS FÜR PFERDELEUTE AUS VIELEN JAHRHUNDERTEN

ANGELIKA SCHMELZER

Copyright © 1999 by Cadmos Verlag, Lüneburg
Gestaltung: Ravenstein Brain Pool, Völkersen
Titelfoto und Innenfotos: Angelika Schmelzer
Druck: Grindeldruck, Hamburg
Alle Rechte vorbehalten.
Abdrucke oder Speicherung in elektronischen Medien
nur nach vorheriger schriftlicher Genehmigung durch
den Verlag.
Printed in Germany

ISBN 3-86127-507-4

VORWORT 7

„WER SEIN PFERD NICHT PFLEGT UND NÄHRT,
IST DES THIERS NICHT WERTH"

VON DER HALTUNG IM STALL
UND AUF DER WEIDE 9

„WIE MAN DAS PFERD ZIEHT, SO IST ES"

VON DER PFLEGE DES PFERDES 21

„DEINS MÜDEN PFERDS SOLT NICHT VERGESSEN,
DAN WER ARBEITET, SOLL AUCH ESSEN"

VOM FÜTTERN UND TRÄNKEN
DER PFERDE 31

„EYN GUT PFERD SOL MAN NICHT VBERREYTEN"

VON DER AUSBILDUNG DER PFERDE 47

„EIN GÜLDNER ZAUM MACHT DAS PFERD NICHT BESSER"

VON DER AUSRÜSTUNG DES PFERDES 57

„ES GEHÖRT MEHR ZUR REUTTEREUY, DEN ZWEEN
SCHENCKEL VBERS PFERD SCHLAGEN"

VOM WESEN DER REITKUNST 66

„ES IST KEIN PFERD SO GUT, ES HAT EIN ABER"

VON DEN TRICKS DER ROSSTÄUSCHER
UND GUTHEM RATH DER REITMEISTER 72

„EIN PFERD, DAS DEM WORT FOLGT, BEDARF
DER SPOREN NICHT"

VON DEN TIPS DER PFERDEFLÜSTERER 84

BIBLIOGRAFIE 93

VORWORT

Wir Pferdeleute, Reiter, Züchter und Ausbilder, leben in einer Zeit des Umbruchs, der Neuorientierung und Neubewertung. Alte, erstarrte Strukturen und überlieferte Konventionen werden im Licht neuer Erkenntnisse kritisch betrachtet und, wo erstrebenswert und machbar, zum Wohl der Pferde und ihrer Menschen verändert. Dazu trug in der jüngsten Vergangenheit nicht nur die Entwicklung fortschrittlicher Ausbildungsmethoden, die Einführung fremder Rassen und Ausrüstungsgegenstände, neue Erkenntnisse der Verhaltensforschung, Veterinärmedizin und Tierzucht bei, sondern mehr und mehr auch die Wiederentdeckung alten, aus dem Bewußtsein verschwundenen Wissens um die Pferde. Der wissensdurstige Pferdefreund von heute greift immer öfter zu den Werken alter Reitmeister und Pferdezüchter und holt sich dort Rat, wenn es um das Wohlergehen seiner Pferde geht. Dabei wird er oder sie auf die eine oder andere Überraschung treffen: Zum einen ist sicher nicht alles, was „alt" ist, gleichzeitig auch „gut" oder sinnvoll, da reicht ein Blick auf die vielen tierquälerischen Gebißkonstruktionen, die teilweise lange Zeit im Gebrauch waren. Zum anderen stößt der Leser früher oder später auf Ratschläge, Erkenntnisse oder Gepflogenheiten, die alles andere als alt oder gar überholt, sondern im Gegenteil hochmodern erscheinen.

Bei der Beschäftigung mit unserer reiterlichen Vergangenheit ist jedoch die rosarote Brille der Nostalgie sicher fehl am Platze, damals wie heute gilt

> *„Das Pferd ist oft gescheiter als sein Reiter."*
>
> *Deutsches Sprichwörter-Lexikon*
> *Ein Hausschatz für das Deutsche Volk*
> *Karl Friedrich Wilhelm Wander, 1867*

Zwar ist Pferdeliebe auch Herzenssache, zur emotionalen Bindung an diese wundervollen, unser Leben bereichernden Wesen gehört allerdings auch ein gerüttelt Maß an Sachverstand, soll es nicht heißen

> *„Zwischen Zügel und Sporn ist Verstand von Nöthen."*
>
> *Deutsches Sprichwörter-Lexikon*
> *Ein Hausschatz für das Deutsche Volk"*
> *Karl Friedrich Wilhelm Wander, 1867*

und jener sollte permanent eingeschaltet sein und ohne ideologische Beschränkungen agieren dürfen.

Zur Rundumsicht in der Gegenwart, zur Suche nach aktuellen Ideen, Konzepten und Möglichkeiten gesellt sich der Rückblick auf alte Werte, überliefertes Wissen und ebenso auf Fehler, die Mensch damals schon gemacht und zu denen er seither offensichtlich nichts dazu gelernt hat. Aus dieser Horizonterweiterung in die Gegenwart und die Vergangenheit wird sich vielleicht ein mehr an Fakten als an Ideologien orientiertes Bild vom Pferd, von seinem Wesen, seinen Bedürfnissen ergeben, eine kritischere Einschätzung seiner Bedeutung für uns Menschen, die wir das Glück haben, Reiter sein zu dürfen.

Werfen wir deshalb einen manchmal augenzwinkernden, manchmal erstaunten Blick auf das, was uns die Reitersleut unter den Altvorderen hinterlassen haben, und scheiden wir die Spreu vom Weizen - oder besser, vom Hafer.

*Eine Horizont-
erweiterung tut Pferd
und Mensch gut*

„WER SEIN PFERD NICHT PFLEGT UND NÄHRT, IST DES THIERS NICHT WERTH"

VON DER HALTUNG IM STALL UND AUF DER WEIDE

> *„Der Stall ist in unseren Breiten ein notwendiges Übel. Es gilt somit, die schädlichen Einwirkungen desselben nach Möglichkeit zu vermindern."*
>
> Das Buch vom Pferde, C. G. Wrangel, 1888

Ehrlich gesagt, möchte ich dem Mann noch nachträglich gründlich um den Hals fallen oder ihm zumindest kräftig die Hand schütteln, und vermutlich empfinden andere Pferdefreunde ebenso. Selten schafft es ein gestandener Pferdemensch, soviel Wahrheit kurz und knapp in ein paar Sätzen unterzubringen. Der Stall nicht als praktischer und tierfreundlicher Aufbewahrungsort für Pferde, sondern als notwendiges Übel, dessen potentiell schädlichen Einfluß es zu begrenzen gilt, diese Auffassung teilen immer noch zu wenige Pferdefreunde. Schon viel zu lange hält sich die Mär von der artgerechten Box, die dem Pferd Schutz und Sicherheit bietet und die es angeblich so gerne aufsucht, eine zwar äußerst bequeme, aber auch sehr leicht zu widerlegende Zweckbehauptung. Anders als höhlenbewohnende Säugetiere flüchtet das ehemalige Steppentier Equus bei drohender Gefahr nie in den schützenden Unterstand, sondern ins Freie und hält sich grundsätzlich bevorzugt an höher gelegenen, Übersicht bietenden Stellen

auf. Daß diese typische Verhaltensweise dem modernen Hauspferd gleich welcher Rasse ebenso zu eigen ist wie seinen wilden Vorfahren, kann jeder Offenstallbesitzer aus eigener Erfahrung bestätigen. Den elementaren Bedürfnissen des Pferdes nach Licht, Luft, Bewegung und sozialen Kontakten kann bei der Einzelhaltung im Stall nur in begrenztem Maß Rechnung getragen werden, davon können Tierärzte, Ausbilder und Verhaltensforscher ein Lied singen.

Nun ist es aber nicht damit getan, die große Freiheit für Pferde aller Rassen und Klassen zu fordern, alle Gitterboxen zu öffnen und deren Bewohner fürderhin im Offenstall ein artgerechteres Leben führen zu lassen. Finanzielle Zwänge, bauliche Gegebenheiten, überkommene Traditionen und mangelnde Fachkenntnis verlangen eine Orientierung aller Veränderungswünsche am Machbaren. Zudem will auch eine Haltung der Pferde in der Gruppe, im Offenstall oder auf der Weide gut geplant und gemanagt werden.

Auch dieser Schwarzwälder Fuchs freut sich über sein „Zimmer mit Aussicht".

*Dieser Natur-
bursche zieht sicher
nicht freiwillig in
einen „gemütlichen",
warmen Stall.*

„Wer den Stall nicht hat in Hut, kommt gar
leichtlich um sein Gut."

Deutsches Sprichwörter-Lexikon, Ein Hausschatz für das
Deutsche Volk, Karl Friedrich Wilhelm Wander, 1867

Die Haltungs- und Fütterungsbe-
dingungen beeinflussen Gesundheit
und Wohlbefinden unserer Haustiere
in jedem Fall direkt und ganz entscheidend. Mag der Reiter noch so gut, die
Anlage noch so gepflegt, die Ausrüstung noch so hochwertig sein, langfristig kann nur eine artgerechte Hal-
tungsform in Verbindung mit bedarfs-
gerechter Fütterung das Wohlbefinden
unserer Pferde sichern. Wer aber dem
Stallmanagement nicht die nötige Aufmerksamkeit zukommen läßt, der
kommt „gar leichtlich um sein Gut",
der wird mit chronischen Krankheiten,
frühzeitigem Verschleiß und mangeln-
der Leistungsfreude seiner Vierbeiner
leben müssen. Und vielleicht sogar mit
einem schlechten Gewissen.

Fragt man nach den einzelnen Faktoren, die direkten Einfluß auf unsere
Pferde nehmen und für ihr Wohlbefin-

den unersetzlich sind, so müssen Luft,
Licht, Bewegung und die Gesellschaft
von Artgenossen gleichberechtigt an
erster Stelle genannt werden. Diese
Bedürfnisse liegen ursächlich in der
arttypischen Anatomie, Physiologie
und Ethologie von Equus caballus
begründet, haben sich im Verlauf der
Haustierwerdung nicht signifikant
geändert und müssen deshalb als gegeben angenommen werden.

„ ... Wir kommen nun zu dem wichtigsten
Kapitel in der ganzen Lehre vom Stallbau,
demjenigen nämlich, welches von der Venti-
lation handelt. Die natürliche Heimat des
edlen Pferdes ist der trockene, warme und
sonnige Süden. Wer dasselbe in feuchte,
schlecht ventilirte Stallungen einsperrt, handelt also ebenso grausam und unvernünftig
als derjenige, der dem treuen Genossen das
notwendige Futter vorenthält."

Das Buch vom Pferde, C. G. Wrangel, 1888

Faktor Luft: Der warme, anheimelnd
nach Pferd riechende Stall ist out, besser, weil artgerechter, ist der trockene
und helle Kaltstall. Gute Luft bedeutet
minimal mit Schadgasen belastete,

leicht in Bewegung befindliche, in der Temperatur den Außenwerten folgende Luft. Warum? Leider ist jedes Pferd auch ein Umweltverschmutzer der schlimmsten Art: Kot, Urin und Schadgase werden in großen Mengen produziert, verbrauchte Atemluft abgesondert, Wärme abgegeben. Diese Emissionen sind samt und sonders schädlicher Natur und müßten eigentlich kontinuierlich vollständig entsorgt werden, was selbstverständlich nicht möglich ist. Gut ist die Luft immer dann, wenn sie so wenig wie möglich mit den Emissionen der Pferde belastet ist.

Besonders vertrackt stellt sich die Situation in einer rundum verschalten Box dar, denn viele der besonders schädlichen Gase sind schwerer als Luft, sinken folglich zu Boden und reichern sich unmittelbar über der Einstreu an. Liegt der Boxenbewohner dann in Brust- oder Seitenlage, nimmt er gleichzeitig auch große Mengen an Gasen auf, die insbesondere die empfindlichen Schleimhäute der Lunge schädigen. Die Ursache der Schadgasproduktion läßt sich natürlich nicht abstellen, deshalb müssen die negativen Auswirkungen in ihrem Ausmaß gemindert werden. Dies gelingt nur, wenn zu jeder Tages- und Nachtzeit, zu jeder Jahreszeit und bei jeglicher Witterung eine funktionierende Be- und Entlüftung gewährleistet ist. Ob durch geöffnete Fenster und Türen oder über Luftschächte und Ventilationsöffnungen, die Luft muß zirkulieren können, damit sowohl Schadgase als auch hohe Luftfeuchte abtransportiert, die verbrauchte durch frische Luft ersetzt werden kann. Die zu Unrecht so gefürchtete Zugluft entsteht unter solchen idealen Bedingungen übrigens gar nicht erst, da zwischen Außen- und Innentemperatur kein Gefälle herrscht und lediglich der natürliche Wind großflächig durch die Stallungen streicht.

Neben der Freiheit von Schadgasen und der Beschränkung des Feuchtegrades spielt ein dritter Faktor bei der Beurteilung des Stallklimas eine Rolle: Die Temperatur, besser: die Temperaturregulation. Pferde verfügen als ehemalige Steppenbewohner über ein sehr leistungsfähiges Temperaturregulationszentrum, das ihnen die Anpassung an extreme Schwankungen der Außentemperatur ohne negative Auswirkungen auf Gesundheit und Wohlbefinden erlaubt. Wie andere Körperfunktionen auch bedarf es allerdings eines gewissen Trainings, damit alle Mechanismen im Bedarfsfalle schnell und effektiv zur Wirkung kommen. Entsprechend trainierte Pferde fühlen sich innerhalb einer wesentlich größeren Bandbreite an Außentemperatur wohl als wir haarlose, verzärtelte Zweibeiner, nicht zuletzt da ihre Wärmeabgabe um den Faktor 20 niedriger liegt. Wer sein Pferd aus falsch verstandener Zuneigung im kuschelig warmen Stall in Watte packt oder ohne Notwendigkeit eindeckt, tut ihm deshalb keinen Gefallen.

„So möchte ich dem Pferdebesitzer ganz besonders ans Herz legen, seinen Pferden das Tageslicht nicht allzu kärglich zuzumessen. Ich erinnere zu diesem Zwecke an die von der Wissenschaft bestätigte Thatsache, daß das Licht den Stoffumsatz fördert und belebend auf die Nerven des Tieres einwirkt. Außerdem ist es eine alte Erfahrung, daß Pferde, die längere Zeit hindurch in einem dunkeln Stalle stehen, leicht scheu werden."

Das Buch vom Pferde, C. G. Wrangel, 1888

Natürliches Sonnen-licht gehört zu den Grundbedürfnissen aller Pferde und ihrer Menschen.

Recht hat er. Früher gönnte man jedem Pferd eine Fensterfläche von gerade mal einem Quadratmeter, heute baut der aufgeklärte Pferdehalter seine Ställe so hell und luftig wie irgend möglich. Gleich in mehrfacher Hinsicht wirkt Sonnenlicht positiv auf Pferde ein: Unter dem Einfluß des Lichtes wird in der Haut des Pferdes aus einer Vorstufe das wichtige Vitamin D gebildet, welches für den Calciumstoffwechsel und damit für Wachstum und Knochenfestigkeit von elementarer Bedeutung ist. Sonnenlicht wirkt belebend auf die Fertilität von Zuchttieren, da der Zyklus der Stute bei wachsender Tageslichtlänge in Gang kommt und mit abnehmender Tageslichtlänge wieder in die Ruhephase eintritt. Das Immunsystem der Haut ist ebenfalls stark vom Sonnenlicht abhängig und funktioniert dann am besten, wenn das Pferd täglich mehrere Stunden draußen verbringt. Und daß Pferde aus dunklen Ställen im ungewohnten Tageslicht nicht nur leicht scheu werden, sondern teilweise völlig ausrasten, wissen gewiefte Pferdehändler und Trainer

schon lange. Noch heute werden Showpferde beispielsweise in den USA teilweise in dauernder Dunkelhaft gehalten, damit sie beim Einreiten in die hell erleuchtete Showarena nur ja genügend „Feuer" zeigen. Nett, nicht?

Große, offene Fensterflächen, täglicher Freigang bei jedem Wetter und eine bessere Beleuchtung auch in Halle und Longierzelt sind also ein „muß", während dunkle, dumpfe Boxenställe Baujahr Anno Tobak völlig out sind, da sie nachvollziehbare Gesundheitsschäden und Leistungsschwächen verursachen.

Besonders anrüchig sind die Verhältnisse in Ställen, in denen nicht etwa täglich alle verschmutzte Streu entfernt, sondern etwas praktiziert wird, was beschönigend „Matratzenstreu" betitelt wird: Nasses und verkotetes Stroh wird grob entfernt und über die alte Lage aus festgetretener, gleichmäßig durchfeuchteter Einstreu locker eine neue Lage Stroh gebreitet. Mit der alten, echten Form der Matratzenstreu hat diese Praxis allerdings wenig gemein:

„Die Matratzenstreu wird zweimal im Jahr erneuert. Dabei ist es zweckmäßig, zu unterst eine Schicht reinen Torfs zu legen, die hinten im Pferdestand dicker sein muß. Nun wird Stroh in mehrere, etwa 15 cm dicke Bündel gebunden und am dicken Ende glatt abgeschnitten. Diese Bündel werden im Stand der Länge nach fest aneinander gelegt, das dicke Ende nach hinten. ... Auf diese Unterlage kommt dann erst die eigentliche Streu aus losem Stroh. ... Bei jedem Stalldienst wird zuerst der Mist entfernt und die oberste Strohschicht aufgeschüttelt. Die eigentliche Matratze wird an durchgetretenen oder aufgekratzten Stellen ausgebessert und eingeebnet. Für das nasse, weggenommene Stroh wird frisches Stroh locker und ohne Knoten eingestreut, so daß das Pferd von dem Stroh, worin es steht, fressen kann. Der Mist ist stets gleich fortzunehmen."

Der Dienstunterricht für den Kanonier und Fahrer der
Feldartillerie, Wernigk-Trautz, Berlin 1914

„Das Prinzip, welches der Anlage von Matratzenstreu zu Grunde liegt, ist, daß nachdem ohne Zutritt von atmosphärischer Luft keine Gärung und also auch keine Entwicklung stinkender Gase in dem feuchten Stroh stattfinden kann, und weiter der von der Streu aufgefangene Urin infolge seiner Schwere in die hart komprimirten untersten Schichten sinkt, wo, falls der Fußboden undurchlässig ist, keine oder nur wenig Luft eindringt, so muß auch die Gasbildung hier auf ein Minimum reduzirt werden; dieses geringe Quantum aber wird von den oberen Strohschichten aufgefangen und gebunden. Die festen Exkremente dagegen sammelt das Stallpersonal (...) in einen Korb, bevor sie in die Streu hineingetreten werden und dieselbe beschmutzen oder zur Verunreinigung der Luft beitragen können."

Das Buch vom Pferde
C. G. Wrangel, 1888

Aha, so sah das also aus. Statt einer schmuddeligen, durch etwas frische Einstreu abgedeckten Schicht aus Stroh, Urin und Kot bestand die Matratzenstreu also aus einer durchdachten Kombination, die zudem ständig sauber gehalten wurde. Es darf nämlich nicht außer acht gelassen werden, daß damals die Stallhygiene dank mehr Personals mit weitaus größerem Nachdruck betrieben werden konnte als heute. Ausgemistet wird heute einmal täglich, damals hatte eine dauernde Stallwache die Pflicht, sämtliche Äpfel sofort aufzusammeln und zu entfernen, sobald sie fielen. So, und nur so, klappt das mit der Matratzenstreu.

Und noch ein Faktor trug damals dazu bei, daß die Matratzenstreu auch funktionieren konnte: Die Erntetechniken brachen den Strohhalm nicht, so daß jeder Halm dank seiner Kapillarwirkung große Mengen Urin aufsaugte und band. Dazu ist das mit modernen Erntemaschinen geerntete Stroh nicht mehr in der Lage, die Halme sind wesentlich kürzer und mehrfach gebrochen, größere Mengen Flüssigkeit können nicht mehr im Halminneren gebunden werden und sickern auf den Boden durch.

Moderne Erntetechniken machen das Stroh unbrauchbar für Matratzenstreu.

*In Mutter´s Schutz
ist gut ruhen*

Was also damals eine zwar aufwendige, aber sicher auch praktische und kostengünstige Methode gewesen sein mag, funktioniert unter den heutigen Bedingungen einfach nicht mehr zufriedenstellend. Wem heute daran gelegen ist, das notwendige Übel Stall so pferdefreundlich wie möglich zu gestalten, der sollte nicht allein die notwendigen baulichen Voraussetzungen schaffen, sondern auch am Management ansetzen.

Hätten Pferde einen eigenen Kalender, begönne der sicherlich mit dem ersten Weidegang im Frühjahr. Während der Pferdehalter die Weide überwiegend als Futterlieferanten betrachtet, steht für das Pferd die Tatsache im Vordergrund, daß es auf der Weide ganz Pferd sein darf. Natürlich freut Pferd sich auch darüber, mit einem möglichst naturbelassenen Gemisch an Gräsern, Kräutern und Leguminosen eine annähernd physiologische Nahrung zu sich nehmen zu können, wer aber den Weidegang primär als Fütterung in Selbstbedienung ansieht, liegt falsch.

Der natürliche Tagesrhythmus von Futteraufnahme, Ruhezeit und sozialer Interaktion ist nur bei ganzjähriger Offenstallhaltung annähernd so vollständig gewährleistet wie beim Weidegang der Herde. Geräusche, Wettereinwirkungen, Wildtiere, Menschen und ihre Fahrzeuge sorgen für Abwechslung, der ständige Wechsel von Ruhe, langsamer Bewegung beim Grasen und spielerischen Galoppaden in der Gruppe konditioniert das Pferd bei minimaler Belastung. Kreislauf-, Atmungs- und Temperaturregulationssystem werden trainiert, die Intelligenz, Aufmerksamkeit und Trittsicherheit des Individuums kann sich entwickeln.

Für tragende Stuten und Aufzuchtpferde ist der Weidegang ein Muß, für alle anderen zumindest erstrebenswert. Selbst in Ballungsgebieten sorgen immer mehr Pferdebesitzer dafür, daß ihre Rösser auf der - wenn auch auf teilweise nur handtuchgroßen - Weide die Seele baumeln lassen können. Genau dieser positive Effekt der Weidehaltung, die geistige und körperliche Entspannung in der Herdengemeinschaft, findet heute zunehmend Beachtung. Daß es allerdings nicht damit getan ist, die Herde irgendwann auf die Weide zu entlassen und im Herbst wieder einzusammeln, dürfte allgemein bekannt sein. Vorsichtige Futterumstellung, sinnvolle Beschränkung der Futteraufnahme, rechtzeitiges Umtreiben, sach-

gerechte Weidepflege Schaffung von Schattenplätzen und sicher gewährleistete Versorgung mit Wasser sollten selbstverständlich sein. Zur Weide gehört eben das richtige Weidemanagement wie der Sattel zum Pferd.

„Man kann den Anfang der Weidezeit in die Mitte des Monats May setzen, weil zu solcher Zeit das Gras und die Kräuter unter einem gemäßigten Himmelsstriche schon stark genug pflegen heran gewachsen zu seyn. Früher ist es nicht zu rathen, weil die noch frischen Säfte in dem zarten Grase als eine Medicin zu betrachten sind, welche, zumal bey jungen Pferden, die Wirkung abführender Mittel zeigen, und sie stark angreifen; zweytens und hauptsächlich, weil ein großer Platz erfordert wird, ein Pferd zu ernähren, da das Gras noch zart ist, und nicht so starke faserichte Gewebe hat, welche den Magen und die Gedärme füllen, sondern mehr aus Säften bestehen. Treibt man dahero zu früh auf, so läuft man Gefahr, daß die Pferde am Ende Mangel leiden, welchen sie nicht ausgesetzt werden, wenn man das Gras hat völlig heran wachsen lassen. ... Das Ende der Weide ist, nach der Meynung der Kunstverständigen, sehr verschieden. ... Eine genaue Zeit zu bestimmen ist unmöglich, weil sie bald durch den Mangel des Grases, bald aber von der schlechten Witterung bestimmt wird, dahero es mir sehr lächerlich vorkömmt, wenn man desfalls eine Regel dem Vorgesetzten des Gestütes vorschreibt."

Vollständige Pferdewissenschaft,
Johann Gottfried Prizelius, 1777

Je nach den örtlichen klimatischen Gegebenheiten beginnt der Weidegang normalerweise meist Mitte April, wenn ausreichend Feuchtigkeit und Wärme den Aufwuchs genügend gefördert haben. Durch sorgfältiges Anweiden wird verhindert, daß die „frischen Säfte" ihre abführende Wirkung entfalten

Weiden mit einem vielfältigen Bewuchs erfreuen das Herz jedes Pferdehalters.

können. Viele Pferdehalter beginnen schon im März damit, ihre Rösser täglich eine Weile an der Hand grasen zu lassen, so daß sich deren Verdauungstrakt allmählich an das frische Gras gewöhnen kann. Die symbiotischen Bakterien im Dickdarm, die für den geregelten Ablauf der Verdauungsvorgänge lebenswichtig sind, müssen sich auf das veränderte Nahrungsangebot erst allmählich einstellen. Zu Beginn der Weidezeit wird die Herde zunächst nur für etwa eine halbe Stunde ausgetrieben, nach ein paar Tagen wird die Weidezeit auf eine Stunde erhöht, dann auf zwei Stunden täglich, bis im Verlaufe von zwei Wochen der Übergang vollzogen ist. Wer ein übriges tun will, bietet seinen Vierbeinern täglich vor dem Auftrieb Heu an oder füttert auf der Weide Stroh bei, um die abführende Wirkung des frischen Grases zu bremsen. Je vorsichtiger und allmählicher das Anweiden gestaltet wird, desto geringer ist die Gefahr, durch die übermäßige und plötzliche Zufuhr des jungen Aufwuchses gesundheitliche Schäden wie heftige Durchfälle oder gar Hufrehe zu verursachen.

Auch mir käme es lächerlich vor, das Ende der Weidesaison auf ein bestimmtes Datum legen zu wollen, zu verschieden sind von Jahr zu Jahr, von Ort zu Ort die Witterungsbedingungen. Erlaubt in einem Jahr ein feuchter Sommer, gefolgt von einem trockenen Herbst, den Weidegang auf der gut bewachsenen, festen Weide noch Ende Oktober, so läuten im nächsten heftige Regenfälle auf der nur spärlich bewachsenen Grasfläche das Ende der Weidezeit schon vier Wochen früher ein. Der Abtrieb muß immer so rechtzeitig erfolgen, daß die Grasnarbe keinen Schaden nimmt. Gegen Ende der Weidesaison leidet die Tretschicht zunehmend, da der Bewuchs weitgehend abgefressen ist und die feuchte Witterung die obersten Schichten des Bodens aufweicht. Tritt und Biß der Pferde zerstören die Grasnarbe so, daß im nächsten Frühjahr der Aufwuchs nur zögerlich in Gang kommt und zudem große Lücken aufweist. Hinzu kommt die Gefahr, daß die Pferde bei spärlichem Nahrungsangebot vermehrt Sand und Erde mit aufnehmen, da sie sehr dicht am Boden abbeißen und oft einen Teil der Wurzeln mit verspeisen. Lebensbedrohliche Sandkoliken können deshalb die Folgen eines zu späten Weideabtriebs sein.

> *„Die vorzüglichste Weide bestehet in einem harten, bergigten, und mit schattigten Plätzen abwechselnden Boden, welcher genugsam nahrhafte Kräuter hat, und mit dem besten fließenden Wasser umgeben seyn muß. Wenn man zur vorzüglichsten Weide einen harten trockenen Boden fordert, welcher dabey bergig seyn soll, so sind die Gründe davon sehr einleuchtend. Die Hüfe so wohl als die Schenkel der Pferde, welche ihren Gang auf dergleichen Boden haben, sind allemal fester, trockener, und ungleich besser … . Man verlangt schattigte Plätze, damit die Thiere sich vor der großen Sonnenhitze im Mittage verbergen können, und dem Ungeziefer nicht so sehr blosgestellet sind. Diese beschriebene Gegend soll mit genugsamen nahrhaften Kräutern versehen seyn. … Diese Kräuter sind, dem Geschmack nach, unserer Zunge oft sehr unschmackhaft; allein die Pferde fressen sie gerne, jedennoch ein Kraut vor dem anderen lieber, und es ist nicht zu läugnen, daß es ihnen die Natur eingiebt, welches ihrer Gesundheit zuträglich ist.“*
>
> *Vollständige Pferdewissenschaft*
> *Johann Gottfried Prizelius, 1777*

Im Winter freuen sich alle Pferde über eine ansonsten nutzlose „Trampelweide“.

Weidegang ist mehr als Fütterung in Selbstbedienung, findet Islandhengst „Hreinn".

Die botanische Zusammensetzung der Weide wird durch Lage und Klima, den Nährstoffgehalt des Bodens, die Art und Häufigkeit der Nutzung sowie vom Vegetationsstadium zum Zeitpunkt der Nutzung beeinflußt. Sie bestimmt den Ertrag, die Akzeptanz, den Futterwert und die Bekömmlichkeit des Aufwuchses. Im Verlauf der Vegetationszeit ändern sich die Eigenschaften. Der Pferdehalter kann die botanische Zusammensetzung und den Aufwuchs in begrenztem Umfang aktiv beeinflussen, sprich verbessern und so den Wert seiner Weide steigern. Sicher ist der Pferdehalter vorwiegend

daran interessiert, einen mengenmäßig guten Aufwuchs sowohl seiner Weiden als auch der Heuwiesen zu erhalten. In letzter Zeit findet aber auch die Zusammensetzung des Bewuchses zunehmend Beachtung. Züchtete man lange Zeit durch entsprechende Einsaat und maximale Düngung gezielt einen hohen Grasbestand heran, legt man heute vermehrt Wert auf einen vielseitig zusammengesetzten Bewuchs mit Gräsern, Kräutern und Leguminosen.

Bei langjährig genutzten Pferdeweiden beobachtet man häufig eine zunehmende Verarmung des Pflanzenbestandes, hervorgerufen durch selektive

Beweidung und einseitige Düngung, etwa ausschließlich mit kompostiertem Pferdemist. Abhilfe läßt sich sicherlich durch Wechselbeweidung mit Rindern oder Schafen schaffen, die von Pferden verschmähte Pflanzen nachträglich abweiden und so ein gewisses Gleichgewicht erhalten. Dies wird aber nicht immer und überall möglich sein. Will man nicht regelmäßig umbrechen und neu ansäen, bietet sich die pfluglose Nachsaat mit speziellen Sämaschinen an, am besten direkt im Frühjahr rechtzeitig vor dem Austrieb oder im Anschluß an die Heumahd. Besonders bei sehr einseitigem Pflanzenbestand empfiehlt es sich auch, die bisher praktizierte Düngung kritisch zu hinterfragen.

Der Grundriß einer Weide bestimmt wesentlich darüber, inwiefern dem Laufbedürfnis der Pferde Rechnung getragen wird. Besonders im Flachland ist es üblich, das vorhandene Weideland in quadratische Parzellen einzuteilen, während im hügeligen Gelände der Verlauf der Einzäunung den örtlichen Gegebenheiten angepaßt wird. Wo immer möglich, sind langrechteckige Weiden einzurichten, die lange Laufstrecken möglich machen. Tote Winkel sind aus Sicherheitsgründen zu vermeiden oder abzutrennen, damit bei Auseinandersetzungen immer die Flucht des Unterlegenen möglich ist. Bei langweiligen Quadratweiden können künstliche Geländehindernisse nachträglich eingebaut werden, um die Pferde vermehrt zum Laufen und Spielen anzuregen und die Trittsicherheit und Wendigkeit zu fördern. Dazu bieten sich Steinhaufen, Buschgruppen oder einzelne Zaunelemente an.

> *„Es ist nicht allein nützlich, sondern oft auch nothwendig, daß Weiden zugleich mit Hornvieh betrieben werden, damit sie im Stande bleiben. Es ist einer Weide zuträglich, wenn das darauf gewachsene Gras alle Jahre rein abgefressen wird. Pferde suchen das zarte und kurze Gras nebst Kräutern, das Hornvieh hingegen das lange... Desgleichen sind dem Pferde Kräuter zuwider, welche dem Hornvieh angenehm sind, und umgekehrt; dahero ist es nützlich, daß beyde Arten auf eine Weide zusammen getrieben werden."*
>
> *Vollständige Pferdewissenschaft*
> *Johann Gottfried Prizelius, 1777*

„Selektive Beweidung" ist hier das Stichwort. J. G. Prizelius spricht in diesem Zitat einen der wichtigsten Grundsätze sinnvoller Weidewirtschaft an: Nur wenn der gesamte Aufwuchs so gleichmäßig wie möglich kurz gehalten, also abgeweidet oder durch Reinschnitt am Ende der Weidesaison gekürzt wird, ist ein dauerhaft vielseitiger Pflanzenbewuchs gewährleistet. Dafür gibt es zwei Gründe, denn zum einen bevorzugen alle Pflanzenfresser bestimmte Gräser, Kräuter oder Leguminosen (selektives Grasen), zum anderen meiden sie Stellen, an denen sie ihre Ausscheidungen abgesetzt haben (Geilstellen). Dadurch kommt es mit der Zeit zu einem stetig einseitiger werdenden Pflanzenbestand, da die unberührten und damit lang und stark belassenen Pflanzen in der nächsten Vegetationsperiode gegenüber den kurz abgeweideten Sorten im Vorteil sind und so im Laufe der Jahre immer mehr überhand nehmen. Auch die Pflanzen, die sich an Geilstellen ansiedeln und deswegen ebenfalls nicht angerührt werden, können sich nahezu ungehindert ausbreiten und wertvollere

Was Pferd verschmäht ...

... frißt Kollege Schaf

die Pferde verschmähen, verspeisen die Rinder genußvoll und machen auch vor den Geilstellen nicht halt und umgekehrt.

Wer mit einem benachbarten Landwirt eine entsprechende Vereinbarung treffen kann, ist fein raus, aber so mancher Pferdehalter ist im Laufe der Zeit schon selbst auf die Kuh gekommen. Vor allem die robust zu haltenden Rassen Galloway und Angus sieht man häufig einträchtig mit Islandpferden, Norwegern oder anderen Rassen grasen, aber auch so mancher vom Aussterben bedrohte Landschlag findet hier eine neue Aufgabe. Sogar für von Erosion bedrohte Hangweiden findet sich ein Spezialist: Die Hinterwälder Kuh, mit einer Widerristhöhe von knapp 1,30 m und einem entsprechend geringen Gewicht die kleinste Rinderrasse Europas, wurde und wird in den hohen Lagen des Schwarzwaldes speziell zur Beweidung steiler Hanglagen eingesetzt. Auch Schafe, vor allem die drei verwandten Schnuckenformen Graue gehörnte Heidschnucke, Weiße gehörnte Heidschnucke und Weiße hornlose Heidschnucke oder Moorschnucke finden sich oft in der Hand von Liebhabern und werden zum Nachweiden von Pferdeweiden eingesetzt. Durch ihr extrem niedriges Gewicht und ihre schon sprichwörtliche Anpassungsfähigkeit und Genügsamkeit auch bezüglich der Futteraufnahme eignen sie sich auch zu gezielten Landschaftspflege von Verbuschung bedrohter oder feuchter Weiden und Wiesen. Der Esel erfreut sich unter Pferdehaltern zwar zunehmender Beliebtheit, wird aber nur selten zur gezielten Wechselbeweidung eingesetzt.

Futterpflanzen verdrängen. Abhilfe schafft die gleichzeitige oder wechselweise Beweidung von Rindern und Pferden oder Schafen und Pferden. Was

„WIE MAN DAS PFERD ZIEHT, SO IST ES"

VON DER PFLEGE DES PFERDES

*„Wer das Pferd vernachlässigt, vernach-
lässigt sich selbst"*

Xenophon

Soll heißen, daß die sorgfältige Pflege der uns anvertrauten Vierbeiner nicht zuletzt auch uns selbst zugute kommt, da allein durch die Fürsorge des Menschen Gesundheit und Wohlbefinden und damit die Leistungsfähigkeit langfristig erhalten werden kann. Pflege bedeutet nun nicht zwangsläufig, jedes Roß täglich einer gründlichen Reinigung mit Putzeimer und Schrubber oder gar einem Dampfdruckstrahler zu unterziehen, sondern im Gegenteil jede Maßnahme sorgfältig mit den Haltungsbedingungen, dem Arbeitseinsatz und der individuellen Befindlichkeit des Pferdes abzustimmen. In vielen Fällen läßt sich dabei feststellen, daß weniger eigentlich mehr ist: So schadet übergründliches Putzen - womöglich noch mit den immer beliebter werdenden Pferdestaubsaugern - dem natürlichen Witterungsschutz des Offenstallpferdes, sauber glattrasierte Ohren sind eindringenden Insekten schutzlos ausgeliefert, beigeschnittene Schweife und entfernte Kötenzöpfe unterbrechen den Rundumschutz vor Regenwasser und setzen die empfindlichen Genitalien oder Fesselbeugen der schädlichen Nässe aus. Beläßt man dagegen Haut und Haarkleid so weit wie möglich im Naturzustand, können die physiologi-

Diese zwei mögen sich, aber Liebe allein genügt nicht.

schen Schutzsysteme des Pferdes voll greifen.

Der Begriff der Pflege muß allerdings weiter gefaßt werden. Pferdepflege geht über reine Körperpflege hinaus und schließt Maßnahmen wie Hufpflege, Impfschutz oder den sorgfältigen Umgang mit dem Lebensraum unserer Pferde - Einstreu, Weidepflege, Mistentsorgung etc. - ein.

21

> *„Wer sein Pferd durch andere pflegen läßt, wird bald zu Fuß gehen."*
>
> *Deutsches Sprichwörter-Lexikon -*
> *Ein Hausschatz für das Deutsche Volk,*
> *Karl Friedrich Wilhelm Wander, 1867*

Dieses alte Sprichwort dürfte bei vielen hingebungsvollen Pflegemädchen und -jungen größte Empörung hervorrufen, betreiben doch gerade sie die Pflege „ihrer" Rösser mit größter Hingabe und immensem Zeitaufwand. Um ihnen und dem Berufsstand der Pferdepfleger gerecht zu werden, sollte man wohl formulieren, daß bald zu Fuß geht, wer die Verantwortung für die Pflege seines Pferdes abgibt. Sprich: Jeder ist selbst verpflichtet, sich um die ordnungsgemäße Pflege seines Vierbeiners zu kümmern.

Heute verläßt Mensch sich gerne auf technische Hilfsmittel: Pferdestaubsauger, elektrische Schermaschinen und Solarien haben in vielen Ställen Einzug gehalten, wo früher Generationen von Pferdepflegern mit Muskelschmalz und einfachsten Geräten ihre Arbeit taten. Die damals verbreiteten Ansichten bezüglich sachgerechter Pflegemaßnahmen allerdings sind vielfach heute noch brandaktuell.

> *„Eine besondere Aufmerksamkeit muß der Hautpflege zur Zeit des Haarwechsels geschenkt werden. Bekanntlich werden beim Pferd ... die Haare jährlich zweimal, im Frühjahr und Herbst gewechselt, und es ist dieser Haarwechsel, namentlich der im Frühjahr, ein tief in die Gesundheitsverhältnisse eingreifender Vorgang, was man schon daraus erkennen kann, daß die Tiere sich matt zeigen, weniger Kraft besitzen, empfänglich für krankmachende Einflüsse sind und daß bei kranken Tieren der Haarwechsel entweder gar nicht oder nur unvollständig von statten geht. Man muß daher die Tiere während dieser Zeit schonend behandeln, fleißig putzen, gegen Erkältungen schützen und ihnen eine leicht verdauliche Nahrung geben."*
>
> *Der illustrierte Haustierarzt für Landwirte und*
> *Haustierbesitzer, Wilhelm Zipperlen, 1869*

Diese Ausführungen seien besonders den Besitzern der vielen Offenstallpferde ans Herz gelegt. Zwar stellt die gruppenweise Aufstallung im Offenstall sicher eine besonders artgerechte Hal-

Echte Pferdemenschen erfüllen die naturgegebenen Bedürfnisse ihrer Pferde: Licht, Luft, Bewegung und Gesellschaft.

tungsform dar, doch ist sie mit manchem Nachteil verbunden und verlangt besondere Rücksichten seitens des Halters. Dazu gehört auch, zur Zeit des Fellwechsels die Pferde zu schonen, besonders sorgfältig zu putzen und ihre Futterration mit geeigneten Zusätzen aufzuwerten. Im Unterschied zu Herrn Zipperlen halte ich allerdings den Herbstfellwechsel für den anstrengenderen, da bedeutend größere Mengen an Fell produziert werden müssen. Oft läßt sich beobachten, daß diese anstrengende Zeit mit intensiven reiterlichen Aktivitäten zusammenfällt und bei den Pferden entsprechende Defizite zur Folge haben kann. Nach dem teilweise feuchtheißen Sommer freuen sich Reiter und Pferd auf die angenehmen Temperaturen und griffigen Wegverhältnisse im Frühherbst, so daß eine gewisse Doppelbelastung entsteht. Die Zufuhr an hochwertigen Proteinen und anderen Nährstoffen kann den kurzfristig immens angestiegenen Bedarf nicht mehr decken, die Pferde nehmen ab oder ihre Fellbildung leidet. Ungenügend ausgebildetes Winterfell wiederum verurteilt das Offenstallpferd dann dazu, sich durch die Verbrennung gespeicherter Nährstoffe warm zu halten, was natürlich das wärmende Fettpolster allmählich zusammenschrumpfen läßt. Es entsteht ein Teufelskreis aus Frieren, Abbau von Körperfett und verstärktem Frieren, der dann oft ausgangs des Winters - wenn in unseren Breiten die Außentemperaturen erfahrungsgemäß besonders tief fallen - zu starken Gewichtsabnahmen und einer erhöhten Krankheitsanfälligkeit führt.

Der Pferdehalter sollte sich deshalb darüber klar sein, daß der Aufbau des

Für Offenstallpferde bedeutet die Bildung des Winterfells Schwerstarbeit.

Winterfells eine enorme Leistung darstellt, die bei der Futterzuteilung und Arbeitsbelastung unbedingt berücksichtigt werden muß. Dies bedeutet, daß die Futterration für einen Zeitraum von mindestens sechs bis acht Wochen um die Bestandteile ergänzt werden sollte, die das Pferd für den Aufbau des Winterfells benötigt und die diesen Aufbau unterstützen. Dazu gehören hochwertige Eiweiße in geringen Mengen, ausreichend Vitamine - vor allem Vitamin A, Biotin und die Vitamine der B-Gruppe - sowie bestimmte Spurenelemente. Am praktischsten für den Halter ist die Verwendung von Bierhefe oder bierhefehaltigen Produkten wie etwa Bioflocke, die fallweise durch ein Biotinkombipräparat (Biotin kombiniert mit den genannten Vitaminen und/oder den Spurenelementen Zink und Schwefel) aufgewertet werden kann. Leinsamen, dessen Verwendung ebenfalls empfehlenswert ist, sorgt für ein glänzendes Fell, ein Hinweis auf den optimal ausgeprägten Fettmantel, der Haare und Haut vor Wasser schützt. Eine gewisse reiterliche Schonung sorgt zusätzlich dafür, daß die Pferde sich quasi auf die Fellproduktion „konzentrieren" können. Wer solcherart vorsorgt, wird mit kältebedingten Gewichtsverlusten und Infektionsanfälligkeit später keine Probleme haben.

Eine weitere Schwierigkeit, mit dem sich vor allem die Halter von Offenstallpferden herumschlagen müssen, ist Nässe. Nun gibt es kaum eine Möglichkeit, robust gehaltene oder in der schlechten Jahreszeit im Freien gerittene Pferde ganz vor der Witterung zu schützen, dies ist auch nicht notwendig und nicht einmal wünschenswert. Eine gewisse Exposition, eine Gewöhnung an Temperaturunterschiede und Niederschläge tut Pferd nur gut, einzig dem Schutz vor durchschlagender Nässe muß der Pferdehalter seine Aufmerksamkeit schenken. Während lange Regengüsse oder starke Schneefälle am schützenden Winterpelz abperlen und dem Pferd nichts anhaben, kann auf die Haut durchschlagende Nässe - Feuchtigkeit von innen durch starkes Schwitzen, ein auf den nassen Rücken aufgelegter Sattel, lang anhaltende Regenfälle in Kombination mit starkem Wind – zu Erkältungskrankheiten führen. Derart durchnäßte Pferde müssen komplett getrocknet werden, bevor sie ungefährdet wieder in den Offenstall entlassen werden können.

> *„Wir haben alle schon in der Schule gelernt, daß Wasserverdunstung von Kälte begleitet ist. So lange das Pferd in seinem durchnäßten Winterpelz dasteht, muß es also frieren; aber jeder Wärmeverlust ist auch ein Verlust an Kraft. Es wird nun oft hiegegen eingewendet, daß alles dies bei gehöriger Stallpflege wenig oder nichts zu bedeuten habe. Die tägliche Erfahrung spricht jedoch eine andere Sprache. Ist der dicke Winterpelz einmal durch und durch naß geworden, so scheitern gewöhnlich auch bei sorgfältigster Pflege alle Bemühungen des Wärters, das Pferd schnell trocken zu bringen, an dem fatalen, überaus schwächenden Nachschwitzen, das wenigstens gerade in dem Augenblick eintritt, wenn das Pferd endlich trocken oder halbtrocken geworden ist. ...*
> *Eines ist sicher: Je kürzer das Haar ist, desto leichter geht die Hautausdünstung und das Hautatmen von statten, desto wohler muß sich also auch das Pferd befinden. Dieser Umstand allein spricht überzeugend für die Zweckmäßigkeit des Scherens. ...*
> *Aber trotz allem was ich hier zu Gunsten des Scherens angeführt habe, muß ich auf das Entschiedenste davon abraten, solche Pferde zu scheren, deren Arbeit es mit sich bringt, daß sie für längere Zeit im Freien still stehen müssen."*
>
> Das Buch vom Pferde, C. G. Wrangel, 1888

Scheren oder nicht scheren, das ist nur eine Frage von vielen. Hinzu kommt die Überlegung: Wenn scheren, dann wie? Eine radikale Ganzkörperrasur wird wohl nur dann notwendig sein, wenn robust gehaltene Pferde im Winter in Ausbildung gegeben werden und der dicke Winterpelz ihnen arg zu schaffen macht. Intensiv geritten, leiden sie unter Atemnot oder trocknen oft stundenlang nicht ab. In

Der Altweiber-sommer bringt manchmal die innere Uhr der Pferde durcheinander.

solchen Fällen kann eine großzügige Rasur Erleichterung verschaffen, anschließend aber müssen die Pferde entweder warm aufgestallt oder durch eine Decke geschützt werden. Will man von vornherein verhindern, daß sich der Vierbeiner mit sinkenden Temperaturen in ein Kuscheltier ver-wandelt, kann er nachts oder ganztags eingedeckt werden.

Bei robust gehaltenen Pferden behilft man sich gerne mit einer Teilra-sur, oft „Rallyestreifen" genannt. Im Frühjahr hält das Abhaaren oft mit den steigenden Temperaturen nicht Schritt, im Herbst haben sie sich bereits auf

Schwimmen macht Spaß und tut gut, kann aber auch gefährlich werden.

Minusgrade eingerichtet, wenn der Altweibersommer durchs Land zieht. Um ihnen den Übergang zu erleichtern, gleichzeitig aber den natürlichen Schutz möglichst zu belassen, schert man rundherum einen zehn bis fünfzehn cm breiten Streifen unmittelbar unterhalb der horizontalen Körpermitte.

In unserer zubetonierten Landschaft gibt es in vielen Gegenden sicher keine Möglichkeit, den Pferden ein Bad zu gönnen, die meisten seichten und deshalb geeigneten Strände sind den Menschen vorbehalten und für Pferde nicht zugänglich. Wo immer es aber möglich ist, sollten Pferde sich am und im Wasser erholen dürfen. Längst werden Schwimmbecken oder Kneippbäder in speziellen Rehakliniken für Pferde genutzt, wo vierbeinige Sportler sich von ihren Anstrengungen erholen können.

„Als ein weiteres Reinigungsmittel für Pferde ist das Schwemmen und Baden zu betrachten, durch welches außer der Reinigung auch noch Erfrischung, Abkühlung und Stärkung der Haut bezweckt wird. Es sollte daher im Sommer das Baden, wo sich hiezu Gelegenheit bietet, nicht unterlassen werden und verdient das Schwemmen vor dem Baden oder Waschen den Vorzug. Hiebei ist zu beachten, daß die Tiere nicht erhitzt sind ..."

Der illustrierte Haustierarzt für Landwirte und
Haustierbesitzer, Wilhelm Zipperlen, 1869

„Der Wisch ist eine aus Heu, Stroh oder noch besser aus Bast zusammengedrehte Wulst, die, nachdem man mehrere Knoten in dieselbe geschlungen, etwas angefeuchtet und mit den Füßen glatt und eben getreten wird. So angefertigt wird der Wisch mit beiden Händen nachdrücklichst über den Körper des Pferdes geführt, wobei man ihn wiederholt über dieselben Stellen entlang zieht. Infolge seiner weichen Beschaffenheit und der in ihm enthaltenen Feuchtigkeit schmiegt sich der Wisch fest an alle Körperteile des Pferdes an, drückt jedes einzelne Haar glatt und verleiht dem ganzen Tier eine Art Politur."

Das Buch vom Pferde, C. G. Wrangel, 1888

... und nur ganz allmählich ans Wasser gewöhnt werden. Wer seinen nichtsahnenden Vierbeiner mir nichts, dir nichts ins tiefe Wasser zerrt, kann sein blaues Wunder erleben. Zur Vorbereitung können Pfützen, kleine Bäche und seichte Uferregionen durchquert oder durchwatet werden, bevor Mensch und Pferd sich in tiefere Regionen wagen. Das Ufer sollte keinesfalls steil abfallen, sondern darf nur ganz allmählich tiefer werden. Und mag Pferd wirklich nicht, sollte es auch nicht gezwungen werden. Waten Mensch und Pferd nur zusammen in der Sommerhitze in die Schwemme, plantscht das Roß vergnügt im Wasser herum und läßt sich von oben bis unten durchfeuchten, so reicht das schon aus, um einen solchen Badeausflug zum reinen Vergnügen zu machen.

Auch heute noch, in einer Zeit der Luxuspflegeprodukte, greift der Pferdehalter gerne zu einer Handvoll Stroh, um dem feuchten, verschwitzten Pferd eine gründliche „Abreibung" zu verpassen, bevor es eingedeckt wird. Die Altvordern haben aus diesem simplen Handgriff eine wahre Wissenschaft gemacht.

Soviel Arbeit kann und mag sich heute kaum jemand mehr machen, lieber hält Mensch im Stall ein paar alte Frotteehandtücher oder saubere Aufnehmer („Putzlumpen") bereit, die denselben Dienst tun. Nachdem mit viel Mühe aus einem Bündel Heu oder Stroh eine Wurst geformt und diese dann noch durch Verknoten eine gewisse Festigkeit erhalten hat, reicht der übrig gebliebene Muskelschmalz wohl nur in Ausnahmefälle dazu aus, das Pferd damit noch gründlich zu polieren. Alte, weiche Handtücher oder saubere Putzlappen tun denselben Dienst, sie nehmen enorme Mengen an Feuchtigkeit auf und massieren die Körperoberfläche. Dadurch wird die Durchblutung angeregt, das Abtrocknen erleichtert und das Pferd vor Erkältungskrankheiten geschützt. Nach erheblichen Anstrengungen sollte sowohl der Sattellage als auch den großen Muskelpartien besondere Aufmerksamkeit gewidmet werden, da beide sehr empfindlich auf Abkühlung reagieren können.

Bei Fieber oder Kolik wird heute gerne wieder auf ein altes Hausmittel zurückgegriffen, welches uns wohl mehr aus der Humanmedizin bekannt ist.

> *„Prießnitzsche Umschläge sind kalte Umschläge, welche nicht oft gewechselt werden, sondern sich am Körper erwärmen. Daher nicht mit Kühlen zu verwechseln. Ein der Größe des Körperteils entsprechendes Stück Leinwand in Wasser tauchen, gut auswringen und auflegen. Darüber wollenen Stoff, etwa Woilach, welcher die Leinwand nach allen Seiten um handbreite überragt, mit Binden oder Deckengurt befestigen. Umschlag zwei bis drei Stunden liegen lassen. ....“*
>
> *Der Dienstunterricht für den Kanonier und Fahrer der Feldartillerie, Wernigk-Trautz, Berlin 1914*

Der zunächst feuchtkalte Umschlag entzieht dem Körper beim Erwärmen Temperatur und trägt so dazu bei, fiebrige Zustände zu lindern. Gleichzeitig entspannt der erwärmte Umschlag das Körperinnere, worauf wohl seine wohltuende Wirkung bei Koliken zurückzuführen ist. Bei entzündlichen Lahmheiten können Prießnitzumschläge ebenfalls eingesetzt werden.

Ist das liebe Tier richtig krank, so steht man als Besitzer vor zwei Problemen, die in dieser Form bei uns Menschen nicht auftreten: Zum einen kann der Vierbeiner oft kaum zum Ausdruck bringen, wo ihm etwas weh tut, wie lange dies schon geht und was ihm möglicherweise widerfahren ist, zum anderen ist er vielfach nur mühsam zu überreden, notwendige medizinische Prozeduren gutwillig über sich ergehen zu lassen. Ein Trick aus der Mottenkiste der Veterinärmedizin kann helfen, zumindest einer der vielen Schwierigkeiten zu Leibe zu rücken.

> *„Die Latwergenform wählt man dann, wenn man dem Tiere Salze oder solche Arzneien, welche einen widerwärtigen Geruch oder Geschmack haben, beibringen will. Die Latwerge wird auf die Weise bereitet, daß man die gepulverten Arzneimittel mit irgend einem süßen Muß, z.B. Wachholdergesälz, oder mit Honig, Syrup, oder mit Wasser und Mehl mischt und zu einer teigartigen Masse macht. Die Verabreichung geschieht beim Pferde mittels eines glatten, vorne breiten Holzspahns (Spatel), mit welchem man die Latwerge auf die Zunge streicht.“*
>
> *Der illustrierte Haustierarzt für Landwirte und Haustierbesitzer, Wilhelm Zipperlen, 1869*

Das Prinzip der Latwerge kennen wir alle unter anderem Namen: Wurmpaste! Auch hier wird der nicht gerade wohlschmeckende Wirkstoff auf eine Art und Weise verpackt, die eine recht einfach Verabreichung möglich macht. Medikamente müssen ansonsten oft mit allerlei Tricks an oder vielmehr ins Pferd gebracht werden: Pillen und Tabletten werden in Apfelschnitzen versteckt, Pulver in Rübenschnitzel eingerührt, Säfte in Spritzen aufgezogen und dem nichtsahnenden Pferd in

Eine moderne Form der Latwerge ist die Wurmpaste.

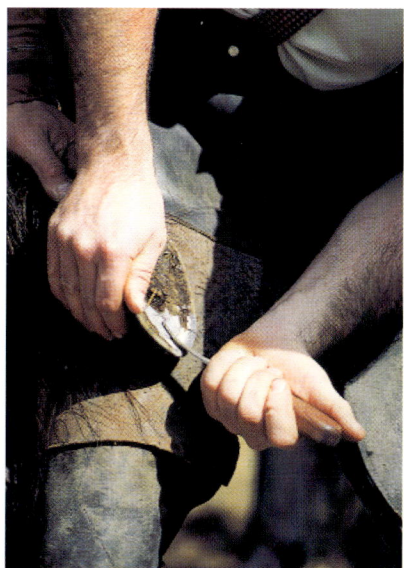

die Backentasche gespritzt. Viele dieser Ausweichmanöver funktionieren allerdings nur einmal, dann hat Pferd die Sache spitz und läßt sich nicht mehr so leicht ins Bockshorn jagen.

Aussichtsreicher scheint in diesen Fällen die Verabreichung mittels einer Latwerge aus dem Wirkstoff und Honig oder Sirup, da der starke Eigengeschmack und -geruch eine Entdeckung des Medikamentes meist verhindern wird. Manche nicht wärmeempfindliche Arzneien können auch in einem Mash versteckt werden, womit gleich mehrere Fliegen mit einer Klappe geschlagen werden: Ist das arme Roß aufgrund einer fieberhaften oder schmerzhaften Erkrankung appetitlos, wird es das süße, wohlriechende und körperwarme Mash oft dann noch aufnehmen, wenn jedes andere Futter verweigert wird.

„Ohne Huf kein Pferd" - über die korrekte Hufpflege, den Hufbeschlag oder das Barfußlaufen wird immer heiß diskutiert. Ob barhufig oder beschlagen, die Pflege der Pferdehufe ist keine

Frage der Ideologie, keine Wochenendbeschäftigung für Heimwerker, sie müssen immer und überall korrekt gepflegt und von Fachleuten behandelt werden. Auch der Pferdehalter selbst kann dazu beitragen, daß die Hufe seines Pferdes langfristig ihre Funktionstüchtigkeit behalten.

> „Das Einschmieren der Hufe mit fetten oder harzigen Salben hat durchaus nicht den Nutzen, den viele Pferdebesitzer von demselben erwarten; es ist eine durchaus falsche Meinung, daß durch die Anwendung solcher Hufsalben das Wachstum des Horns befördert oder das Horn zähe und geschmeidiger gemacht werden könne, denn das Wachstum des Hornes erfolgt ... von den Fleischteilen aus und die Hornwand saugt von den aufgetragenen Salben gar nichts auf; will man daher das Wachstum befördern, so müssen reizende Einreibungen, z.B. von Lorbeeröl, an der Krone gemacht werden. Das Einschmieren kann sogar nachteilig sein, wenn es im Uebermaße geschieht, oder wenn die Hufe nicht vorher vom anklebenden Schmutz gereinigt und abgewaschen werden und das Fett auf diesen Schmutz aufgetragen wird; es bilden sich dann dicke Krusten auf der Hornwand, wodurch das Horn mürbe und brüchig wird, weil die Luft und die Feuchtigkeit nicht mehr ihre günstige Einwirkung geltend machen können."

> Der illustrierte Haustierarzt für Landwirte und Haustierbesitzer, Wilhelm Zipperlen, 1869

Recht hat er, das wird jeder gute Hufschmied oder Hufpfleger bestätigen können. Meist erreicht man durch dauerndes Nässen oder Einschmieren genau das Gegenteil des erhofften Effekts, denn die Hufe werden bröselig oder spröde. Will man die Hufgesundheit langfristig erhalten oder verbessern, so steht die Wahl eines guten Hufschmiedes an erster Stelle. Durch Beifütterung geeigneter Präparate, vor

Ohne Huf kein Pferd - ob barfuß oder beschlagen.

allem Biotinkombinationen und Gelatine, wird die Qualität des nachwachsenden Hornes verbessert und über längere Zeit der Abrieb gemindert. Einreibungen mit reinem Lorbeeröl – im guten Fachhandel oder der Apotheke erhältlich – fördern die Durchblutung des Kronrandes und regen die Neubildung von Horn an. Stark geschädigte Hufe können, in Absprache mit dem Tierarzt oder Beschlagsschmied, zusätzlich gepflegt werden.

> *„Das Einschlagen besteht darin, daß man von Zeit zu Zeit die Sohle des Hufes zwischen den beiden Eisenarmen mit Lehm oder einem Gemisch von Lehm und Kuhmist ausfüllt. Wenn nun auch durch dieses Verfahren nicht die Müdigkeit, Krankheitsstoffe und dergleichen aus dem Hufe herausgezogen werden können, wie manche glauben, so ist es doch von Nutzen bei trockenen Hufen, bei lang anhaltender trockener Witterung und bei Pferden, welche große Märsche auf harter Straße gemacht haben."*
>
> *Der illustrierte Haustierarzt für Landwirte und Haustierbesitzer, Wilhelm Zipperlen, 1869*

Ich persönlich verzichte gerne auf die Version mit Kuhmist und greife lieber zum Lehm, um es mir weder mit meinem Pferd noch mit meiner Stallgemeinschaft zu verderben. Eine Variante des Prießnitzumschlags in Kombination mit Lehm hilft müden Pferdehufen wieder auf die Beine: Über die Lehmpackung wird ein weiches Tuch gewickelt, darüber eine Plastiktüte gestülpt und diese dann mit mehreren Lagen Paketklebeband gesichert. Vorsicht, bitte, der Umschlag darf nicht fest sitzen, sondern mehr wie ein Stiefelchen, muß also oberhalb des Hufes ein paar fingerbreit Luft haben.

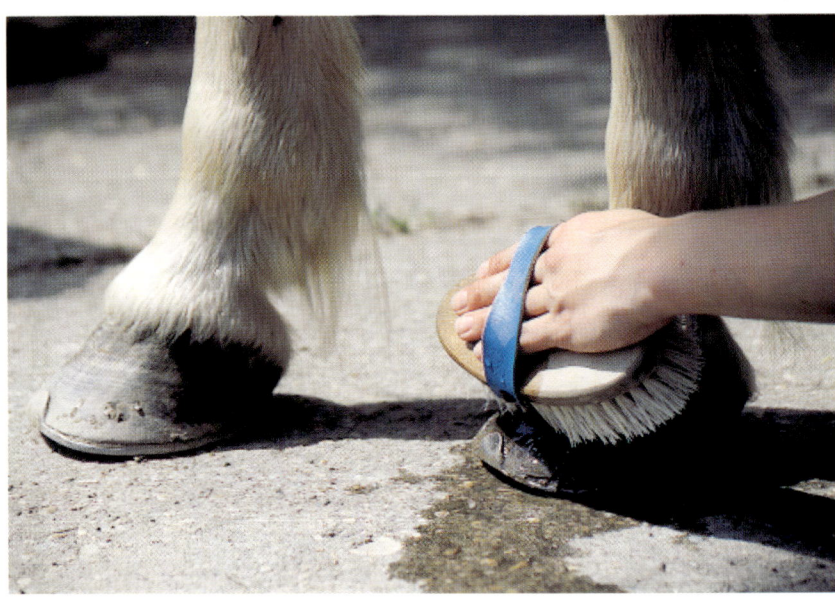

Hufe waschen: Bitte nicht zu oft und nicht zu intensiv.

„DEINS MÜDEN PFERDS SOLT NICHT
VERGESSEN, DAN WER ARBEITET, SOLL
AUCH ESSEN"

VOM FÜTTERN UND TRÄNKEN DER PFERDE

„Jedes Tier bedarf zur Erhaltung seines Lebens einer bestimmten Menge an Nahrung und dieses Futterquantum heißt man Konservationsfutter oder Erhaltungsfutter. Da aber die meisten unserer Haustiere zu verschiedenen Zwecken und Dienstleistungen verwendet werden, so genügt diese zur Erhaltung des Lebens nötige Futtermenge nicht, sondern es muß ein größeres Quantum verabreicht werden, um sie zu diesem Zwecke fähig zu machen, und dies nennt man das Produktionsfutter oder Nutzungsfutter, weil dafür das Tier etwas produziert und dem Besitzer Nutzen gewährt. Das Erhaltungs- und Produktionsfutter zusammen nennt man Totalfutter oder Gesamtfutter. ... Ein Tier bedarf aber täglich nicht bloß einer bestimmten Menge von Futter, sondern es muß in diesem Futter auch eine bestimmte Menge von Nährstoffen enthalten sein, und diese müssen wiederum in einem richtigen Verhältnis zu einander stehen; die Zusammenstellung des Futters ist deswegen von Wichtigkeit."

Der illustrierte Haustierarzt für Landwirte
und Haustierbesitzer, Wilhelm Zipperlen, 1869

„Deins müden pferdts solt nicht vergessen ..."

Das richtige Futter in einer dem Bedarf entsprechenden Menge und Zusammensetzung und mit dem richtigen Verhältnis der darin enthaltenen Nährstoffe: Heute wie gestern richtet sich die Futterzuteilung nach diesen Grundsätzen. Schon im vergangenen Jahrhundert wußte man zwischen dem Erhaltungsbedarf des unbeanspruchten Tieres und dem zusätzlichen Leistungsbedarf des gerittenen, gefahrenen oder zu Zuchtzwecken herangezogenen Pferdes zu unterscheiden.

Eigentlich verwundert es schon ein bißchen, die Wichtigkeit einer abgestimmten Zusammensetzung so ausdrücklich betont zu sehen, denn eigentlich gilt ja die reine Heu/Hafer-

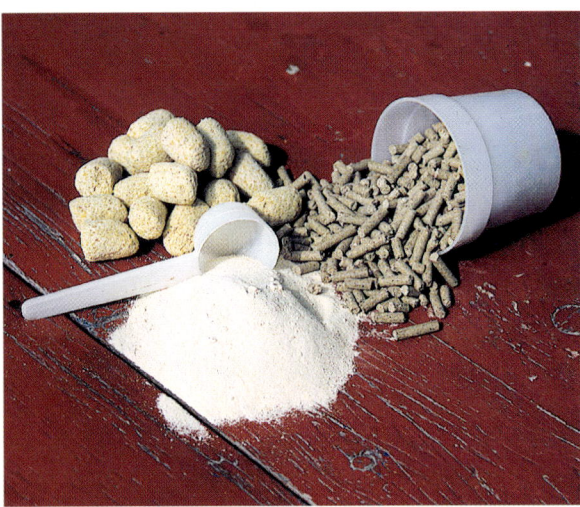

Zusatzfuttermittel: Weniger ist manchmal mehr.

licher oder militärischer Traditionen orientieren zu können, wird der pflichtbewußte Pferdehalter mehr und mehr von den Hochglanzprospekten der Futtermittelindustrie verwirrt, die ihm unterschwellig immer nun Bedürfnisse suggerieren. Allgemein ließ man sich früher offensichtlich davon leiten, was als natürlich, dem Pferd aufgrund seiner Anatomie und Physiologie am zuträglichsten erschien.

> „Die Erfahrung hat gelehret, daß einem Pferd Gras und etwa noch reifer Samen von grasartigen Gewächsen das beste Futter sei. Andere Dinge, nachdem sie mehr oder weniger von diesem Futter abweichen, werden der Gesundheit des Pferdes mehr oder weniger Schaden bringen, indem keine der Natur des Pferdes gemäße Säfte daraus erzeuget werden können."
>
> Pferd-Arzneykunst
> Dionysius Robertson, 1764

fütterung vielfach als traditionelle Fütterung. Weit her ist es aber nicht mit dieser angeblichen und in Diskussionen so gerne bemühten Tradition, die Beschränkung auf zwei Grundfuttermittel galt schon damals als alter Zopf. Umgekehrt aber hatte der Pferdehalter überraschenderweise schon vor langer Zeit mit scheinbar ganz modernen pferdigen Zivilisationskrankheiten wie Übergewicht zu kämpfen.

Ein tiefer Blick in die Futterkiste der alten Pferdeleute beweist, daß man sich seit langem einerseits um eine abwechslungsreiche, vielseitige Gestaltung des Futters Gedanken macht und sich andererseits veranlaßt sah, vor Fehlern zu warnen und fehlgeleitete Entwicklungen anzuprangern. Während zudem früher die Hygiene des Futters eine große Rolle spielte, ist dieser Aspekt heute leider ein wenig in den Hintergrund gerückt. Trotz der gewaltigen Entwicklungen, die in der jüngeren Vergangenheit in der Forschung und Entwicklung neuer Futtermittel zu beobachten waren, gestaltet sich die Pferdefütterung schwieriger denn je. Statt sich am tradierten Wissen bäuer-

Gras, ob frisch beim Weidegang oder konserviert in Form von Heu, bildet auch heute noch die Grundlage der Ernährung unserer Pferde, vom modernen, sportlichen Warmblut bis zum kleinsten Shetty. Wer dies vergißt, wer die Rauhfutterration zugunsten hochwertiger Kraftfutter und allerlei Ergänzungsfutter immer mehr einschränkt, wird oft schmerzhaft daran erinnert, daß sein Roß daraus eben keine „seiner Natur gemäßen Säfte" erzeugen kann: Durchfälle, Verstopfungskoliken oder Abmagerung sind die Folgen einer derart verfehlten Fütterungspraxis. Heute weiß man, daß Rauhfuttermengen unter 1kg je 100kg Körpermasse des Pferdes zu schweren und schwersten Verdauungsproblemen führen. Warum dies so ist, wußte man bereits vor 200 Jahren schlüssig zu erklären.

„Gras ist eine Nahrung, welche die Natur für die Pferde so wohl, als für andere vierfüßige Tiere darbeut; und aus dem Grunde hat sie dafür gesorget, das Pferd zwar nur mit einem Magen, aber statt des Wanstes oder der mehreren Mägen wiederkäuender Thiere, Därme mit ungemein weiten Säcken zu versehen, und einen desto längern Blinddarm hinzuzufügen, die statt des Wanstes dienen, und die Menge Gras fassen können, welche nötig ist ein Pferd zu ernähren. Das aber solche weiten Behältnisse dazu erfordert werden, kömmt daher; der Nahrungssaft, welcher dem Körper zur Ernährung, Entwickelung, Wachsthum und Gedeihen behülflich ist, bestehet nicht in der groben Materie, welche das faserige Gewebe der Pflanzen ausmachet, sondern in den organischen Theilen, welche in den Gewächsen enthalten sind. Im Grase findet sich dieser Theile ein geringerer Vorrath, als in Kräutern, oder gar in Getraide; aus welchem Grunde eine größere Portion Gras erfordert wird, ein vom Grase lebendes Thier zu erhalten, als wenn man ihm Korn reicht; ... Die Weiden sind also für Pferde natürlich und zuträglich, und die, welche sich selbst überlassen sind, leben davon ohne daß es ihnen am Fleische fehle."

Vollständige Pferdewissenschaft
Johann Gottfried Prizelius, 1777

Der Steppenbewohner Pferd hat sich im Laufe der Jahrtausende an das Hauptnahrungsmittel Gras angepaßt, er hat die notwendigen weiträumigen Därme gebildet und das zur Verdauung großer Mengen Faserstoffe notwendige Zusammenspiel eigener Verdauungssäfte und bakterieller Verdauungsgehilfen perfektioniert. Was einmal im Laufe solch langer Zeiträume entstand, kann nicht in der relativ kurzen Zeit als domestizierter Begleiter des Menschen von Grund auf umgekehrt werden. So verträgt das Pferd zwar gewisse Mengen Getreide, wie auch seine wilden Vorfahren die Ähren reifer

Gras ist und bleibt das Hauptnahrungsmittel unserer Pferde, ob frisch, ...

Gräser bevorzugt verspeisten, aber eben nur bis zu einem gewissen Punkt und ausgeglichen durch eine genügende Menge reinen Rauhfutters.

In welcher Form das Rauhfutter dargereicht wird, ob als frisches Gras, konserviertes Heu oder Silage, als Stroh oder Heucobs, spielt erst in zweiter Linie eine Rolle. Allerdings müssen beim Einfahren von Schnittgras gewisse Vorsichtsmaßnahmen beachtet werden.

getrocknet ...

„Das Grünfutter wird täglich zweimal geschnitten und eingeholt; morgens 2-3 Stunden nach Sonnenaufgang und abends bevor der Thau fällt. Man verwahrt das Grünfutter an einem gegen Sonne und Regen geschützten Ort und vermeidet dasselbe in großen Haufen zusammenzuschichten, damit es sich nicht erhitze und verwelke."

Das Buch vom Pferde, C.G.Wrangel, 1888

Die typischen Eigenschaften des Rauh-Futters (Name!) sind eng an seinen Gehalt an Ballaststoffen geknüpft. Die grobe Struktur dieser Futtermittel gibt dem Verdauungsbrei das Volumen, das zur Anregung der peristaltischen Bewegungen im Darmtrakt notwendig ist, sie vergrößert die Oberfläche des Darminhaltes, und seine Faserstoffe dienen den Verdauungsbakterien des Dickdarmes als Nahrung. Ein positiver Nebeneffekt der Rauhfuttergabe ist zudem die Beschäftigung des Pferdes, da zur Aufnahme dieser sperrigen, trockenen Futtermittel erheblich mehr Zeit aufgewendet wird als für Kraftfutter.

Verändert man allerdings die natürlichen physikalischen Strukturen des Rauhfutters zu sehr, verliert es diese positiven Eigenschaften weitgehend, so daß der Fütterung von Heu oder Stroh in ihrer natürlichen Beschaffenheit immer der Vorzug vor Grünmehlen, Heucobs oder anderen Produkten zu geben ist. Aus diesem Grund sind auch die sogenannten Alleinfutter mit einer gewissen Vorsicht zu betrachten, da der Name fälschlicherweise suggeriert, daß dieses bedenkenlos als alleiniges Futtermittel gegeben werden kann. Zwar enthalten diese Produkte einen hohen Anteil an Rohfaser, doch die natürliche Struktur des Rauhfutters wurde weitgehend zerstört, so daß es seine wichtigen Funktionen im Verdauungstrakt nur noch eingeschränkt erfüllen kann. Derlei Futtermittel sollten unbedingt durch eine gewisse Menge an Stroh oder Heu ergänzt werden.

So wertvoll und unersetzlich gutes Heu in der Pferdefütterung ist, so sehr gilt es, Heu schlechter Qualität zu meiden.

... oder gepreßt

„Geradezu gesundheitsschädlich ... ist unreines, staubiges, verschlammtes, rostiges oder gar schimmeliges Heu. Heu dieser Gattung gehört auf die Düngerstätte und nicht in die Raufe, falls der Besitzer es nicht rein darauf angelegt haben sollte, bei seinen Pferden Verdauungsstörungen schwerster Art, gastrischnervöse Leiden, Husten, Dampf und noch mehr andere bedenkliche Krankheiten hervorzurufen. ... Anderseits will man beobachtet haben, daß die Fütterung des mit Wasser durchweichten Heus, sei es mit kaltem, warmem oder kochendem Wasser, bei Bauch- und Brustkrankheiten der Pferde von großem Nutzen sein kann."

Das Buch vom Pferde, C. G. Wrangel, 1888

Gutes Heu einzufahren ist eine Kunst. Zu den häufigsten Fehlern gehört die zu tiefe Einstellung des Schneidwerkes, was nicht nur zu schwerwiegenden Schäden an der Grasnarbe führt, sondern auch zuviel Erde und Sand in das Schnittgut einbringt. Wird unzureichend getrocknetes Heu gepreßt oder sauber eingebrachtes Heu anschließend unsachgemäß gelagert, ist mit der Bildung von Schimmelnestern zu rechnen. Neben der absolut nicht artgerechten, gesundheitsschädlichen Unterbringung in allseitig geschlossenen Boxen ist die Verfütterung qualitativ schlechten Heus die Hauptursache für das Überhandnehmen von Atemwegserkrankungen in modernen Pferdeställen. Mikroskopisch winzige Pilzsporen, die das Pferd bei der Aufnahme seiner Heuration unbemerkt einatmet, schädigen die Lungenoberfläche und führen zu allergischen und infektiösen Erkrankungen, die häufig irreversible Folgen haben und schlimmstenfalls zum Tod führen. Schon C. G. Wrangel kannte den Trick, mittels Einweichen den Staub zu entfernen oder zumindest an die Halme zu binden, damit er nicht mehr eingeatmet werden kann. Im Magendarmtrakt können diese Partikel nämlich keinen Schaden anrichten, sie werden verdaut und gehen dann den Weg alles Irdischen.

> „Würfft jnen keyn Häu für / gibt jnen keyn Futter zu eßen / macht jnen keyn neu Stroh ynter / er hab es dann vorhin alles wol außgeschüttelt / gesäubert und fleißig geschwungen."
>
> Praedium rusticum, Stephanus. Dr. Liebhalt, 1595

Gut gemeint, aber ohne Wirkung auf die unsichtbar kleinen Pilzsporen ist die grobe Reinigung durch Auf-

Kraftfutter kann die Rauhfutterration ergänzen, nicht ersetzen.

schütteln, allerdings wird dadurch zumindest der größte Anteil an Sand, Erde oder anderem Schmutz entfernt. Bekanntlich führen starke Verschmutzungen der verschiedensten Art zu Sandkoliken, Vergiftungen oder anderen fütterungsbedingten Problemen.

Nicht nur das Heu, auch das meist als Einstreu verwendete Stroh muß mit Argusaugen betrachtet werden, denn offensichtlich nimmt auch die Zahl der Strohstauballergien zu.

„Das Heu und Stroh solle auf den Böden der Ställe verwahret / und wenn man solches im Stall brauchen will / zuvorher mit Heu-Gabeln wol ausgeschüttelt / von allem Staub / wie auch den Heu-Blumen gesäubert / und alsdenn durch das darzu gemachte Loch / durch den Boden in den Stall geworffen werden. Es ist aber dabey zu mercken / daß man auf einmal nicht mehr aufschüttele / als man des andern Tages vonnöthen habe / massen es mit diesem gleich wie mit dem Futter butzen solle gehalten werden : denn so man das Heu auf etliche Tage aufschüttelte / würde es ebenso staubigt / als zuvor seyn / so werden auch die Pferde viel lustiger von diesem gereinigten Heu fressen / und ist ihnen auch viel gesunder / denn gar leichtlich vom staubigten Heu viel Kranckheiten herkommen können."

Stuterey, das ist Neue Wolbestelte Fohlen-Zucht
Georg Simon Winters von Adlersflügel, 1703

„Ein Pferd, genährt mit Stroh, macht keinen Reiter froh."

Deutsches Sprichwörter-Lexikon
Ein Hausschatz für das Deutsche Volk
Karl Friedrich Wilhelm Wander, 1867

Trotzdem, „das Pferd lebt nicht vom Heu allein, es muß auch manchmal Hafer sein", und wenn nicht Hafer, dann eben ein anderes Kraftfutter. Die intensive Nutzung und zeitliche Einschränkung der Rauhfutteraufnahme bringt es mit sich, daß ein Teil der Nährstoffe in konzentrierter Form aufgenommen werden muß. Vorgemischte Kraftfutter bestehen üblicherweise aus Getreide und dessen bei der Mehlgewinnung entstehenden Nachprodukten, denen allerlei weitere Futtermittel wie Melasse oder Grünmehl beigemischt werden. Manche Pferdehalter bevorraten allerdings selbst einige Grundfuttermittel, die dann, je nach Bedarf, für jedes Pferd individuell zusammengestellt werden.

Alles und jedes Futter sollte dieser groben Reinigung unterzogen werden, aber bitte nicht im Stall selbst, sondern auf dem Heuboden. Verunreinigtes Heu, gleich ob staubbelastet oder verpilzt, gehört zu den oft verkannten Krankheitsursachen, da die Folgen einer derartigen Belastung oft erst nach langer Zeit offenbar werden und so vielfach mit der Ursache nicht mehr in Zusammenhang gebracht werden können. So gilt gestern wie heute der Grundsatz, daß sich das Hauptaugenmerk des Pferdehalters auf ausreichend Heu allerbester Qualität zu richten hat, welches fallweise durch weitere Futtermittel ergänzt wird. Die Prioritäten stehen damit fest und entlasten sicher nebenbei auch den Geldbeutel vieler besorgter Reiter, die nach dem Grundsatz „Viel hilft viel" bislang die Futterkrippe mit Kraftfutter und Zusatzfutter füllten, die Heuraufe aber vernachlässigten.

„Ein jung pferdt mag essen haw, graß, gersten, habern vnd der gleich. Wann haw vnd graß von wegen der feuchtigkeit weytert jren gantzen leib. Wann das pferdt dann kumpt zu seinem vollkummenen alter, so soll es auch eßen stroh vnd habern oder gerst, von dem würt es nit zu übrig fyßt, sunder bleibt in mäßigem leib vnnd mag auch sicherer gemühet werden mit arbeyten wann das so es zu feyßt wer."

Agricultura, Petrus des Crescentiis, 1532

Die Beifütterung von Kraftfutter soll es dem Pferd ermöglichen, eine Arbeits- oder Ansatzleistung zu erbringen, aber so bemessen sein, daß es dabei nicht verfettet. Hafer und Gerste werden hier gleichberechtigt nebeneinander und sicher nicht zufällig erst nach dem Rauhfutter genannt.

Lange Zeit galt Hafer als das Pferdefutter schlechthin, in den letzten Jahren machen ihm aber zunehmend Mais und Gerste Konkurrenz. Welchem Futtermittel nun der Vorzug zu geben sei, darüber stritten und streiten sich die Gelehrten. Da alle drei mit gewissen Nachteilen behaftet sind, läßt sich keine allgemeingültige Empfehlung aussprechen.

> *„Von allen Futtermitteln, welche wir dem Pferde vorlegen, ist Hafer das gewöhnlichste und beste. Der Hafer ist für das Pferd was das Fleisch für den Menschen. ...*
>
> *... Die „Aktiengesellschaft für öffentliches Fuhrwesen in Berlin" hat größere Versuche mit der Maisfütterung gemacht. ... Der Mais wurde gut verdaut und die Pferde nahmen nicht nur an Körperfülle zu, sondern gewannen auch an Kraft und Ausdauer ... Gerste ist ein sehr kräftiges Futtermittel, welches im Orient allgemein den Pferden statt Hafer gegeben wird. In Frankreich ... hat sich ergeben: Daß die in Europa angebaute Gerste nur mit Anstrengung von den Pferden gekaut werden kann und infolge dessen ein nicht unbedeutender Teil des Futters mit den Exkrementen abgesondert wird. ... In größeren Portionen und längere Zeit gegeben, ruft dagegen der Weizen beim Pferde leicht Kongestionen und gefährliche Entzündungskrankheiten hervor. ... Roggen gibt in seiner Verwendung als Pferdefutter zu noch größeren Übelständen Anlaß als hier oben beim Weizen erwähnt wurden. ..."*
>
> *Das Buch vom Pferde, Graf C .G. Wrangel, 1888*

Was war es doch früher scheinbar so einfach, das richtige Kraftfutter fürs liebe Roß zu wählen. Der Hafer stand in der Hierarchie ganz oben, gefolgt von Mais und Gerste, während Weizen und Roggen ganz klar als ungeeignet angesehen wurden. Heute tut sich der Pferdehalter oft schwer, unter den vielen angebotenen Möglichkeiten die beste herauszusuchen: Müslifutter oder Pellet? Hafer oder besser kein Hafer? Rübenschnitzel oder lieber was Gehaltvolleres? Die Fachblätter sind voll mit Artikeln, die sich mit diesem Thema beschäftigen, doch eine allgemeingültige, auf Pferde jeden Alters, jeder Rasse und jeglicher Natur anwendbare Fütterungsempfehlung müssen auch sie schuldig bleiben. Gerade deswegen tut es not, sich einmal intensiver mit den grundlegenden Eigenschaften des Kraftfutters zu beschäftigen.

Wenn C. G. Wrangel den Hafer als das gewöhnlichste (soll heißen: gebräuchlichste) Kraftfutter anpreist, so hat das auch heute noch Gültigkeit, denn nach wie vor bildet dieses Getreide im deutschsprachigen Raum die Grundlage der Pferdefütterung. Trotz der unbestrittenen Vorteile – Preiswürdigkeit, gute Verdaulichkeit, vergleichbar hoher Rohfasergehalt, leichte Verfügbarkeit - weist dieses Getreide auch manche Nachteile auf und ist deswegen sicher nicht unersetzbar. Jeder Pferdehalter kennt die Eigenschaft von Hafer, die Pferde zu „stechen": Stark

Mais wird heute wieder gerne als Alternative zu Hafer gefüttert.

Je höher die Leistung, desto größer die Ansprüche an die Ernährung.

gehaferte Vierbeiner gebärden sich oft ausgesprochen übermütig bis unregulierbar, da ein für Hafer typischer Inhaltsstoff wie eine Art Adrenalinstoß auf sie wirkt. Daneben sind es das ungünstige enge Calcium-Phosphor-Verhältnis und die nicht optimale Proteinstruktur, die eine hochwertige Ergänzung reiner Heu/Haferrationen notwendig machen und deswegen so manchen Reiter und Züchter immer häufiger zu anderen Getreiden oder gleich zum perfekt abgestimmten Mischfutter greifen lassen.

Schon C. G. Wrangel hatte offensichtlich eine der typischen Eigenschaften von Mais erkannt: Er berichtet, die

Pferde nähmen an Körperfülle zu, und tatsächlich wird Mais, meist in gebrochener Form, auch heute gerne zum Auffüttern stark abgekommener Pferde eingesetzt. Abgesäugte Stuten, nach langer Krankheit abgemagerte vierbeinige Patienten oder aufgrund großer Anstrengungen appetitlose Sportler profitieren von einer maishaltigen Ration, da Mais im Vergleich zum Hafer erheblich mehr Energie in die tägliche Fütterung einbringt und zudem geringere Rohproteingehalte aufweist, was bei der nach wie vor üblichen Überfütterung mit Eiweißen nur von Vorteil sein kann. Allerdings empfiehlt es sich, Mais gebrochen und

Auch die seelische Verfassung unserer Pferde ist von der Ernährung abhängig.

nicht als ganzes Korn zu verfüttern, um eine bessere Verdaulichkeit zu gewährleisten. Soll eine Haferration ganz oder teilweise durch Mais ersetzt werden, müssen pro Kilo Hafer 0,8 kg Mais eingesetzt werden.

> *"So viele Gerstenkörner ihr euren Pferden gebt, so viele Sünden werden euch im Jenseits vergeben werden."*
>
> Mohammed

Ähnlich wie der Mais, der vor allem in den USA das Pferdekraftfutter Nr. 1 ist, wird auch die Gerste außerhalb des europäischen Raumes bevorzugt eingesetzt. Dort wachsen allerdings weichschalige Sorten, die von Pferden besser gekaut und damit vollständiger verdaut werden können. Die in unseren Breiten angebaute Gerste sollte vor dem Verzehr so behandelt werden, daß die harte Schale geknackt und das Korn so besser von den Backenzähnen zermahlen werden kann, sprich gequetscht oder geschrotet werden. Auch die Gerste ist gehaltvoller als der Hafer, weshalb jedes Kilo Hafer durch 0,9 kg Gerste ersetzt werden kann.

Daß C. G. Wrangel sich so deutlich gegen die Verwendung von Weizen und Roggen in der Pferdefütterung ausspricht, liegt vermutlich in erster Linie an den Klebereiweißen. Werden diese Getreide in größeren Mengen

Damit „Adonis" später einmal so wird, wie er heißt, muß die Fütterung stimmen.

verfüttert, kann es zu gefährlichen Verkleisterungen im Magen-Darmtrakt kommen. Aus diesem Grund haben beide Getreide keinen Platz in der modernen Pferdefütterung.

„Das Pferd, so den meisten Hafer bekommt, hat die meiste Lust, den Reiter abzuwerfen."

Deutsches Sprichwörter-Lexikon
Ein Hausschatz für das Deutsche Volk
Karl Friedrich Wilhelm Wander, 1867

„Einem übermüthigen Pferde muss man den Hafersack höher hängen."

Deutsches Sprichwörter-Lexikon
Ein Hausschatz für das Deutsche Volk
Karl Friedrich Wilhelm Wander, 1867

Pferde, die trotz hohen Temperaments wenig Ausdauer zeigen oder unter dem Reiter nur schwer regulierbar sind, profitieren oft deutlich von einer Fütterungsumstellung. Nicht allein Temperamentsprobleme, sondern eine Vielzahl an Krankheiten und Anfälligkeiten lassen sich ursächlich auf falsche Fütterung zurückführen. Die Zusammenhänge zwischen Fütterungsfehlern und den oft erst nach Jahren erkennbar werdenden Folgen sind in vielen Fällen nur schwer nachzuvollziehen. Vorbeugend sollte der Pferdehalter deshalb bereits im Fohlenalter seine Fütterung bedarfsgerecht gestalten, also den tatsächlichen Bedarf berechnen (lassen) und die Futterration daraus ableiten (lassen). Das dieser Aufwand neben den unbestrittenen Vorteilen für die langfristige Gesundheit und Leistungsfähigkeit des Pferdes immense Kosten spart, zeigt sich in der Praxis. So können oft aufgrund einer Fütterungsberechnung täglich pro Pferd mehrere Kilo teures Kraftfutter eingespart werden oder durch eine sinnvollere Kombination von Futtermitteln die monatlichen Kosten gesenkt werden.

> „Das glatt Futter / als Habern / Dinckel / (Speltz) und Gersten solle auf dem Stallboden an saubern und nicht staubigten Orten verwahret werden / auch sollen die Fenster auf gedachten Böden alle mit eisernen oder strickenen Netz-Gitterlein wol versehen seyn / auf das die Spatzen und andere Vögel nicht können hineinfliegen / welches denn in andern Böden / da das rauhe Futter liegt / ebenmäßig in Acht zu nehmen."
>
> Stuterey, das ist Neue Wolbestelte Fohlen-Zucht
> Georg Simon Winters von Adlersflügel, 1703

Probleme mit der Fütterung können auch auf schlechte Fütterungshygiene zurückzuführen sein. Die wohlschmeckenden Körner locken wahre Heerscharen an Mäusen und Vögeln an, derer auch die jagdeifrigsten Kat-

zen nie ganz Herr werden können. Während diese Schädlinge wenigstens gut erkennbare Spuren hinterlassen und deswegen Anlaß zu Gegenmaßnahmen geben, treiben andere ihr Unwesen im Dunkeln. Bakterien, Pilze und Hefen sind mit dem bloßen Auge nicht wahrzunehmen, Käfer, Milben und Motten oft nur bei näherem Hinsehen oder hoher Befallsdichte zu erkennen. Unsachgemäße Ernte, Fehler in der Lagerung oder Konservierung und unzureichende Hygiene in der Fütterung führen zum Verderb des besten Futtermittels. Besonders fatal wirkt sich hohe Feuchtigkeit aus, die besonders bei Futterbestandteilen ohne intakte Außenschale schnell zum vollständigen Verderb führt. Je stärker die physiologische Struktur des Ausgangsproduktes verändert wurde, sei es durch Quetschen, Puffen oder Mikronisieren, desto größer wird die Angriffsfläche für Schädlinge aller Art. Einwandfreie Futtermittel sauber,

Leinsamen ist für (fast) alles gut.

trocken und schädlingsfrei zu lagern, nur in angemessenen Mengen zu bevorraten und rückstandsfrei zu verbrauchen gehört sicher zu den vordringlichsten Aufgaben des Pferdehalters.

Die Futterkiste der alten Pferdeleute gab aber weit mehr her als Heu, Hafer und Gerste, sie enthielt auch so manches Mittelchen gegen Bauchweh, Erschöpfung und Durchfall, das auch heute noch gerne angewendet wird. Manche dieser Geheimrezepte erfahren in den letzten Jahren eine regelrechte Renaissance, denn der Boom in der Futtermittelindustrie bringt nicht nur allerlei Schwachsinn, sondern auch Altbewährtes und Bekanntes hervor.

> *„Der Leinsamen enthält außer anderen wertvollen Nährstoffen eine große Menge Fett, welche nicht nur eine leicht abführende Wirkung ausübt, sondern auch dem Haar des Pferdes einen schönen Glanz verleiht. Sehr geschätzt ist derselbe auch als diätetisches Mittel bei Erkältungskrankheiten, sowie bei Bauch- und Blasenleiden der Pferde.”*
>
> *Das Buch vom Pferde*
> *Graf C. G. Wrangel, 1888*

Leinsamen, so könnte man folgern, ist eigentlich für alles gut - und hätte recht! Er enthält eine ausgesprochen günstige Kombination wertvoller Inhaltsstoffe, die ihn zur Behandlung von Magendarmerkrankungen ebenso geeignet erscheinen lassen wie zur Behebung von Problemen mit Haut und Haarkleid. Seine Schleimstoffe schützen den gereizten Darm, sein Quellvermögen bindet Wasser und regt die Darmperistaltik an, wertvolle Fette lassen die Haare glänzen und Vitamine tun ein Übriges dazu, damit kranke und geschwächte Tiere bald wieder zu Kräften kommen. Einziger Schwach-

punkt des Alleskönners: In feuchtem Milieu kann das darin enthaltene Enzym Linase aus Linamarin Blausäure abspalten, ein starkes Gift. Deshalb war man früher gezwungen, sich auf relativ kleine Mengen zu beschränken, den Leinsamen einige Zeit vor der Verfütterung zwecks Entlüftung des Schadstoffes zu schroten oder größere Mengen längere Zeit zu kochen, um der Blausäure mittels Hitze beizukommen. Heute entbindet die Verwendung des ungefährlichen Goldlein den Pferdehalter von diesen Einschränkungen.

> *„Weizenkleie hat sowohl wegen ihrer gelind abführenden Wirkung als auch wegen ihrer Nährkraft einen großen diätetischen Wert als Pferdefutter. Das Kleienfutter (mash) wird mit kaltem oder besser mit warmem Wasser zubereitet. Man gießt soviel Wasser auf die Kleie als diese aufsaugt, worauf das Ganze sorgfältig umgerührt wird. Gebraucht man warmes Wasser hiezu, so muß der Brei stehen, bis er die Temperatur frisch gemolkener Milch angenommen. Es ist außerdem genau darauf zu achten, daß die Kleie gründlich durchfeuchtet werde, denn in trockenem Zustand wirkt diese verstopfend, wenn sie nicht gar zu Koliken Anlaß gibt. Die gewöhnliche Portion für ein Pferd ist ein Kilo mit so viel Wasser als zur vollkommenen Befeuchtung erforderlich ist. ... Ein vortrefflicher „mash”, der alle Vorteile des gewöhnlichen Kleienfutters mit großem Nährwert verbindet, wird auf folgende Art zubereitet: Man kocht eine Handvoll Leinsamen in einem Liter Wasser. Der so gekochte Leinsamen wird nun nebst 2 Kilo Hafer und 2 Kilo Weizenkleie in einen Stalleimer gelegt und 1 - 1 1/2 Liter kochendes Wasser darauf gegossen. Will man noch ein übriges thun, so setzt man dieser Mischung eine kleine Handvoll Salz zu und überdeckt das Ganze mit einer Schichte Gerstenmehl, worauf eine alte Decke über den Eimer gebreitet wird, damit die warmen Dämpfe nicht entweichen können.”*
>
> *Das Buch vom Pferde, C. G. Wrangel, 1888*

„Ein außerordentlich stärkendes und erfrischendes Futter für überanstrengte, erschöpfte Pferde ist auch mit Wasser angerührtes Hafermehl. Diese Mischung wird naturgemäß schneller und leichter verdaut als ganzer Hafer und eignet sich deshalb ganz besonders für solche Tiere, welche infolge gänzlicher Erschöpfung instinktmäßig jedes andere Futter versagen. In den englischen Jagdställen ist der Mehltrank (gruel) so geschätzt, daß man dort nie versäumt denselben für die heimkehrenden Jagdpferde in Bereitschaft zu halten. Die Zubereitung ist sehr einfach. Man nimmt zwei Hände voll grobes Hafermehl und rührt diese mit etwas kaltem Wasser an; hierauf gießt man 6-7 Liter warmes aber nicht kochendes Wasser zu und rührt das Ganze wieder sorgfältig um. Kochendes Wasser würde dem Getränke einen dem Magen des Pferdes nicht zuträglichen Stärkegehalt verleihen, und darf deshalb nicht angewendet werden."

Das Buch vom Pferde, C. G. Wrangel, 1888

Mash: Die Reiter kennen die Powerpampe, die Pferde lieben sie. Wir tun uns heute mit der Zubereitung dieses ebenso schmackhaften wie wertvollen Futtermittels leichter, denn in die Futterkammern moderner Pferdehalter hat längst das Instant-Mash Einzug gehalten. Die Renaissance dieses alten Futtermittels kommt nicht von ungefähr. Warme, mit Wasser angerührte Konzentratfutter weisen gegenüber den üblichen Kraftfuttern einige Vorteile auf, die sie zu einem diätetisch besonders wertvollen Kraftfutter machen. Verglichen mit „normalen" Konzentratfuttern ist Mash leichter verdaulich. Die Erhitzung und der nachfolgende Quellvorgang bereiten das Futter so auf, daß es im Verdauungstrakt des Pferdes leichter, schneller und vollständiger angegriffen und aufgeschlossen werden kann. Die Erwärmung setzt zudem größere Menge an Geruchsstoffen frei. Der appetitliche Geruch fördert die Akzeptanz auch bei Pferden, die aufgrund fieberhafter Erkrankungen, Erschöpfungszuständen oder Schmerzen das übliche Futter verweigern. Auch der süße Geschmack vieler Mashprodukte trägt dazu bei, daß diese gerne aufgenommen werden. Die Zusammensetzung des Mash kann der Reiter individuell auf die jeweiligen

Mash macht müde Pferde munter.

43

Ein ganzer Kerl dank guter Fütterung - auch wenn „Leslie" kein Kerl, sondern eine Welsh-Dame ist.

Bedürfnisse des Pferdes abgestimmt werden, indem etwa bei großer Erschöpfung etwas Honig, nach starken Schweißverlusten Elektrolytsalze eingerührt werden. Viele Medikamente werden in Mash problemlos aufgenommen, während ihre Verabreichung in trockenen Krippenfuttern oft größere Probleme bereitet. Achtung: Hitzeempfindliche Arzneimittel dürfen erst nach dem Abkühlen eingemischt werden!

Die Fütterung von Mash eignet sich somit vor allem zur Vorbeugung und Heilung bestimmter Erkrankungen des Verdauungstraktes, fördert aber auch die Erholung nach großen Anstrengungen. So wird der Tierarzt nach Kolikerkrankungen oder -operationen oft empfehlen, über längere Zeit das normale Krippenfutter durch ein Mash zu ersetzen. Bei Pferden, die zu Verstopfung neigen, kann Mash in Absprache mit dem Tierarzt vorbeugend oder behandelnd eingesetzt werden, ebenso bei Durchfallerkrankungen. Infolge seiner hohen Verdaulichkeit eignet sich Mash zum Auffüttern von alten oder mageren Pferden ebenso wie in Fällen, wo aufgrund fieberhafter Erkrankungen oder schmerzhafter Prozesse in der Maulhöhle kein Futter mehr aufgenommen wird. Nach besonderen Anstrengungen, etwa dem Abfohlen oder strapaziösen Wettbewerben, verkürzt Mash die Erholungsphase.

Nicht nur das „was" und „wie", sondern auch das „wieviel" spielt in der Pferdefütterung eine große Rolle.

Kaum ein Pferd wird wirklich bedarfsgerecht ernährt, erhält also alle Nährstoffe in genau der Zusammensetzung, Menge und Kombination, die es braucht. Die elefantösen Gebäudemaße vieler Pferde und Ponys machen ihnen das Leben schwer, aber auch bei Normalgewichtigkeit können Fütterungsfehler vorliegen. Ganz besonders häufig stößt man bei Rationsüberprüfungen auf zu hohe Eiweißgaben, die den gesamten Stoffwechsel belasten. Während solche Nährstoffimbalanzen meist nur von Fachleuten im Rahmen einer Fütterungsberechnung zu erkennen und zu beheben sind, kann jeder Reiter dafür sorgen, sein Pferd nicht mit überflüssigen Kilos zu beschweren.

„Recht viel Fett auf den Rippen ist leider immer noch das Ziel der Stallpflege in den meisten Luxusställen. Es ist dies um so mehr zu beklagen, als erfahrungsgemäß ein und dasselbe Pferd, wenn seine inneren Organe von einer dichten Fetthülle umgeben sind, kaum 80% des Arbeitsmaßes, welches es in gutem aber nicht übertriebenen Futterzustande spielend bewältigt, zu leisten im stande ist. ... Ein anderer Umstand, der das von Überfütterung und Müßiggang erzeugte Fett doppelt beschwerlich für das Pferd macht, ist, daß dasselbe das lebende Gewicht nicht unbedeutend erhöht und so den Beinen des Tieres eine Anstrengung auferlegt, welcher diese nicht immer gewachsen sind.”

Das Buch vom Pferde, C .G. Wrangel, 1888

„Wann das pferd zu vol ist, so ist es faul”

Deutsches Sprichwörter-Lexikon - Ein Hausschatz für das Deutsche Volk, Karl Friedrich Wilhelm Wander, 1867

Lassen Sie sich nicht von der Werbung der Futtermittelindustrie blenden!

Geringe Leistungsfähigkeit und Gliedmaßenschäden als Folge von Übergewichtigkeit – dieser übereinstimmenden Einschätzung von Reitmeister wie Volksmund ist nicht mehr viel hinzuzufügen. Ein nur relativ geringfügig übergewichtiger Warmblüter mittlerer Größe bringt bereits leicht 50-70 kg zuviel auf die Waage und dies entspricht dem Gewicht eines Reiters. Nicht eine Reit- oder Voltigierstunde täglich, sondern das ganze Leben lang muß das arme Roß diese Last mit sich herumschleppen. Was Knochen und Gelenke davon halten, kann man sich ausmalen. Und nicht zuletzt:

> „Auch einem Pferde, das gut zieht, bestreicht man das Heu nicht mit Honig.”
>
> Deutsches Sprichwörter-Lexikon - Ein Hausschatz für das Deutsche Volk, Karl Friedrich Wilhelm Wander, 1867

Statt „Honig” lies "Zusatzfuttermittel aller Art". Der tatsächliche, berechnete und beweisbare Bedarf entscheidet darüber, ob, wann und in welcher Menge der Einsatz von Zusatzfuttermitteln gerechtfertigt und notwendig ist. Der Bedarf und nicht der schönste Werbespruch oder gar das schlechte Gewissen des Reiters, der sein Pferd zwar ständig überlastet, aber gleichzeitig vorbeugend ein prima Pülverchen gegen Arthrose füttert. Der seinen Vierbeiner in der dunklen, dumpfen Gitterbox hält, dem Husten aber durch ein hochwertiges Kräuterfutter entgegenwirkt. Der auf dem Turnier nicht das Vermögen hat, seinen temperamentvollen Vierbeiner zu zügeln, aber vorsorglich das geeignete Futter gegen Nervosität mitführt.

Und übrigens: Honig dürfen Sie Ihrem lieben Roß ruhig ins Futter geben, vielleicht nicht unbedingt aufs Heu, aber in einem warmen Mash. Tut gut, schmeckt gut. Bitte erst nach dem Abkühlen einrühren, die wertvollen Inhaltsstoffe des Honigs sind hitzeempfindlich.

„EYN GUT PFERD SOL MAN NICHT VBERREYTEN"

VON DER AUSBILDUNG DER PFERDE

Ein gutes Pferd soll man nicht überfordern, ein schlechtes - wenn es so etwas wie ein „schlechtes" Pferd wirklich gibt - sicherlich noch viel weniger. Nicht allein das „was" der Ausbildung zum Reit – und Fahrpferd, sondern mehr noch das „wie" und „wann" bestimmen darüber, ob sich Reiter und Pferd über Jahre hinweg die Freude am Umgang miteinander erhalten können oder aneinander verzweifeln. Die vielen sauer gerittenen Pferde, die zusammen mit ihren oft resignierten Besitzern zuhauf Kurse und Schulungen seriöser und anderer Reitlehrer und Pferdegurus bevölkern, zeugen von einer oft wohl grundlegend unproduktiven Einstellung der Ausbilder und Reiter. Unproduktiv, also wenig sinnvoll, sachdienlich und einsichtsvoll, um einmal Begriffe wie „falsch" oder „nicht pferdegerecht" bewußt zu vermeiden. Oft verkennt der Reiter, daß eine pferdegerechte Haltung, Fütterung und eben auch Ausbildung in erster Linie kein Verhätscheln und Verzärteln des Pferdes zu Lasten der Wünsche seines Besitzers beinhaltet, sondern das gemeinsame Leben und Arbeiten beider Partner dauerhaft erleichtert. Wer in Übereinstimmung mit den allgemeinen und besonderen Bedürfnisse seines Vierbeiners handelt, dem lohnt

*„Eyn gut Pferd ..."
- und ein guter
Reiter.*

es sein treues Roß eben nicht allein durch eine besonders intensive Beziehung, sondern vor allem durch Gesundheit, Leistungsbereitschaft und Langlebigkeit. Machen wir es unseren Pferden leichter, machen sie es auch uns leichter.

Stöbert der Reiter von heute in den Reitlehren von gestern, könnten ihr oder ihm die Augen übergehen: Die

*Wer sein Pferd
liebt, der schiebt -
oder geht mit ihm
spazieren.*

Altvordern hatten so manchem modernen Schnellausbilder einiges voraus. Ihre Vorstellungen bezüglich der Art und Weise, wie und vor allem ab wann Pferde an ihren späteren Beruf herangeführt werden sollten, verdienen das Prädikat „Vorbildlich!". Sie gaben und geben nicht nur wertvolle Hinweise über den empfehlenswertesten Ausbildungs-Fahrplan, sondern wußten diese auch treffend zu begründen.

„Vom dritten Jahre an kann das Pferd unbeschadet seiner weiteren Ausbildung zu landwirtschaftlichen Geschäften verwendet werden, zu anderen Dienstleistungen aber sollte es vor 4 oder 4 1/2 Jahren nicht benützt werden, da es erst nach vollendetem Zahnwechsel auch seine volle Kraft erreicht. Die Angewöhnung an den Dienst hat mit der nötigen Vorsicht zu geschehen und auch die Futterration muß entsprechend erhöht werden; anfangs darf das Pferd nicht alle Tage, sondern etwa nur jeden andern Tag zur Arbeit verwendet werden, nie aber soll ein Pferd, namentlich kein junges, mehrere Tage hintereinander im Stalle stehen, weshalb man es, wenn kein anderes Geschäft vorhanden ist, wie z.B. im Winter beim Landwirt, lieber spazieren führt oder reitet."

Der illustrierte Haustierarzt für Landwirte und
Haustierbesitzer. Wilhelm Zipperlen, 1869

Soviel Rücksichtsnahme wünschen sich heute vermutlich viele der im Eilverfahren fertig gemachten Auktionstreter, frühzeitig verheizten Springpferde, zweijährig geshowten Futurities im Westernsport, dreijährig angerittenen Islandpferde und ihre vielen anderen „vberrytenen" Kollegen. Ausbildungsbeginn mit drei Jahren im langsamen Zugdienst, also ohne die noch nicht voll ausgereiften Knochen durch das Reitergewicht zu belasten bedeutet Bewegung ohne unangemessene Belastung. Stehtage, wie sie in vielen kommerziellen Reitbetrieben gang und gäbe sind, werden ebenso abgelehnt wie alltäglicher Berufsstreß für das noch junge Pferd. Besonders interessant ist die Empfehlung, das Pferd an der Hand spazieren zu führen. Der Spaziergang mit dem menschlichen Betreuer ist eine viel zu selten genutzte Gelegenheit, sich seinem Pferd in einer ihm gemäßen Fortbewegungsform anzunähern. Wildlebende Pferde bewegen sich bekanntlich überwiegend im langsamen Schritt fort, während Trab und Galopp eine eher untergeordnete Rolle spielen. Im ruhigen, trödelnden Schritt entspannen Pferd und Mensch gleichermaßen, und in dieser friedlichen Atmosphäre gelingt die Annäherung und Gewöhnung des Jungspundes an unheimliche Objekte eher als unter Zwang und Zeitdruck.

Wer ein bißchen genauer wissen möchte, wie die Basisausbildung des jungen Pferdes nach Meinung der alten Reitmeister auszusehen hatte, liest bei Francois Robichon de la Gueriniere nach.

„Ob man gleich von einem Reitpferde mit fünf Jahren erst Dienste verlangen darf, da es vor diesem Alter noch zu schwach ist, um Anstrengungen ertragen zu können, so muß man jedoch mit drei oder viertehalb Jahren schon den Anfang mit seiner Bezähmung machen. Man verfährt dabei auf folgende Weise: Anfänglich gewöhnt man es, einen leichten Sattel, der nicht zu fest zugegurtet ist, und woran der Schwanzriemen nicht zu kurz seyn darf, auf dem Rücken zu leiden; man läßt es auf diese Art zwei bis drei Stunden täglich gesattelt. Eben so gewöhnt man es auch, zu leiden, daß man ihm eine Trense anlege ... .

Reitkunst. Francois Robichon de la Gueriniere.
Marburg 1817

Alle Tage hebt man ihm die vier Schenkel auf; man schlägt mit einem Stock auf den untern Theil des Fußes, als ob man es beschlagen wollte.

Wenn das Pferd in dem Stall die Trense und den Sattel zu leiden gewohnt ist, so muß man an demselbigen Orte einen leichten Mann auf und absteigen lassen. Das Pferd bleibt dabei auf der Stelle stehen, damit es bei'm Aufsteigen fromm gemacht werde.

Um den andern Tag läßt man es mit einem Kapzaum auf der Nase, ohne Reiter und auf einem ebenen Boden, an der Gurte traben. Wenn es sich auf beiden Händen leicht wendet, wenn es sich, nach geendigter jedesmaliger Reprise, willig demjenigen nähert, der die Gurte hält, so steigt man an demselbigen Orte auf, und steigt auch wieder, ohne es gehen zu lassen, ab.

Wenn es vier Jahre erreicht hat, so reitet man es im Schritt und Trab, und, je nachdem es folgsam ist, entweder an der Gurte, oder im Freien, vorzüglich aber in kurzen Reprisen. Mit dieser angewendeten Vorsicht wird man bei allen Arten von jungen Pferden seinen Zweck erreichen, und wenn sie auch noch so wild von Anfang sind; nie werden sie bei diesem Verfahren stätig oder spornstätig werden; sie werden keine Unarten bei'm Beschlagen, bei'm Satteln, bei'm Aufzäumen und bei'm Aufsteigen annehmen."

Reitkunst. Francois Robichon de la Gueriniere. Marburg 1817

Erziehung zum Gehorsam, Gewöhnung an Ausrüstungsgegenstände und Basisarbeit an der Longe und unter dem Reiter laufen nach der Vorstellung von Gueriniere Hand in Hand, das hält man heute eigentlich nicht anders. Dicke Wälzer sind seitdem über die verschiedensten Bodenarbeitstechniken und ihren Einsatz in der Erziehung und Ausbildung des Pferdes geschrieben worden und das Interesse daran ist ungebrochen. Ungewöhnlich ist hier zum einen die genaue zeitliche Vorgabe, zum anderen aber die eindrucksvolle Betonung der Vorsicht, Rücksichtnahme und Sorgfalt, mit der die Ausbildung zu geschehen habe. Dem liegen ganz handfeste und nachvollziehbare Ursachen zugrunde, wie nachfolgend ausgeführt wird.

„Der Ursprung des größten Theils der Widersetzlichkeiten bei Pferden liegt nicht immer in ihrer Natur. Man verlangt öfters Dinge von ihnen, die sie noch nicht zu leisten fähig sind; man strengt sie zu sehr an, und will sie zu geschickt machen. Dieser große Zwang macht ihnen die Arbeit verhaßt, er ermüdet und verdirbt ihnen die Sehnen und Nerven, deren Federkräfte doch die Biegsamkeit bewirken, und oft sind sie zu Grunde gerichtet, wenn man gerade glaubt sie wohl zugeritten zu haben. Sie gehorchen alsdann, weil ihnen die Kräfte zum Widersetzen fehlen, aber auf eine unanständige Art, und ohne einigen Nachdruck.

Noch aus einem andern Grunde entstehen diese Fehler. Man reitet die Pferde zu jung; die Arbeit, die man von ihnen verlangt, übersteigt das Maaß ihrer Kräfte, und da sie sich noch nicht hinlänglich ausgelegt haben, um dem Zwang zu widerstehen, den sie erleiden müssen, bevor sie abgerichtet sind, so greift man ihnen den Rücken an, schwächt ihnen die Kniekehlen und verdirbt sie auf immer. Das wahre Alter, ein Pferd abzurichten, ist infolge des Klimas, unter welchem es geboren ist, sechs, sieben bis acht Jahren."

Reitkunst, Francois Robichon de la Gueriniere. Marburg 1817

Von psychisch und physisch vor der Zeit zugrunde gerichteten Pferden wissen vor allem Tierärzte und Trainer ein Lied zu singen. Der Warnung vor einer verfrühten, zu schnell und unter Zwang betriebenen Ausbildung möchte man heute eine weitere hinzufügen, die dem Reiter ans Herz legt, einem sinnvollen Aufbau des Trainings, einer stufenweise fortschreitenden Ausbil-

*Abwechslung in der
Ausbildung kann
so ...*

... oder so aussehen.

dungsskala wieder vermehrt Aufmerksamkeit zu schenken. Häufig läßt sich beobachten, daß selbst wohlmeinende und scheinbar gut informierte Reiter eine solide Basisausbildung zugunsten weniger, publikumswirksamer Mätzchen vernachlässigen. Die vielen piaffierenden, passagierenden und spanischen Schritt zeigenden, dreijährigen Andalusier müssen unter diesem Hang zur Selbstdarstellung ebenso leiden wie manche Freizeitpferde, die das Kompliment ebenso beherrschen wie den unsäglichen Kreuzgalopp oder Reithengste, denen erst das Steigen auf Kommando beigebracht und dann psychisch das Rückgrat gebrochen wird.

Nicht nur die gewissenhafte Ausbildung im Sinne der alten Reitmeister findet wieder vermehrt Beachtung, auch so manches in Vergessenheit geratene Ausbildungsstück wird aus der hintersten Ecke der Sattelkammer gezogen, entstaubt und gefettet und erstrahlt künftig in neuem Glanz. Dazu gehören spezielle Gebisse wie etwa die S-Kandare ebenso wie der Bocksattel, die Pilaren oder der Kappzaum. Besonders dieser erlebt im Zuge der Wiederentdeckung alter Reittraditionen und Lehrinhalte eine Renaissance, die allerdings (noch) nicht alle Reitstile erfaßt hat. Vielfach wird deshalb immer noch am inneren Trensenring longiert oder grundsätzlich jeder Ausrüstungsgegenstand außer Halfter und Longe als Teufelszeug verdammt.

Zwar sind die verschiedenen Modelle, die zur Zeit auf dem Markt erhältlich sind, nicht alle gleichermaßen oder gar für jedes Pferd und jeden Longenführer geeignet, bezüglich der grundsätzlichen Vorteile herrscht allerdings Einigkeit.

> *"Ein Longieren ohne Zuhilfenahme des Kappzaums bringt Nachteile mit sich. Mag man nun die Leine in einen oder beide Trensenringe oder das Kinnstück einschnallen, immer wird durch die oft nicht zu umgehenden kräftigeren Handhilfen das Maul in Mitleidenschaft gezogen und so keineswegs vorteilhaft für die Führung durch den Reiter vorbereitet."*
>
> *Von der Koppel bis zur Kapriole*
> *Waldemar Seunig, 1943*

Der Kappzaum schont das empfindliche Pferdemaul.

Üblicherweise geht die Ausbildung an der Longe der unter dem Sattel voraus. Auch der geübteste Ausbilder wird es nicht verhindern können, daß sich sein noch unsicherer oder übermütiger vierbeiniger Lehrling in Bocksprüngen Luft macht, die Zirkellinie vor allem in schnelleren Gangarten manchmal nicht korrekt ausläuft oder aber erschreckt nach außen springt. Das über ein Trensengebiß longierte Pferd wird dabei immer wieder schmerzhaft im Maul gerissen und gequetscht und so frühzeitig abgestumpft oder gar sauer gemacht. Der Kappzaum hingegen schont das Maul und ermöglicht trotzdem eine effektive Kontrolle und Anleitung des Jungpferdes. Zudem begünstigt er eine natürliche Aufrichtung, anstatt die Pferde schon frühzeitig in die heute allgegen-wärtige brustbeißende Haltung zu zwingen. So versetzen manche wieder entdeckten Ausrüstungsgegenstände und neubelebten Ausbildungsinhalte dem reiterlichen Alltag neue Impulse, aber auch die Form der Kommunikation zwischen Reiter und Pferd wird durch Erfahrungen aus unserer reiterlichen Tradition auf oft verblüffende Weise wiederbelebt.

> *„Ein unentbehrliches Hilfsmittel bei der Leinenarbeit ist auch die Stimme. Man bedient sich ihrer, um das Pferd zu beruhigen und dann gleichzeitig mit Erteilung der verschiedenen Hilfen, um diese dem Pferd gleichsam zu erklären und auszulegen. Geschieht das für denselben Fall immer mit demselben Zuruf und derselben Betonung, so wird ein aufmerksames Pferd bei anhaltender und konsequenter Anwendung in überraschend kurzer Zeit, fast ohne alle Mitwirkung von Leine und Peitsche, das Verlangte leisten."*
>
> *Von der Koppel bis zur Kapriole*
> *Waldemar Seunig, 1943*

Während Westernreiter, Anhänger der leichten Reitweise oder Gangpferdefans ihre Stimme oft und ganz bewußt als zusätzliches Hilfsmittel bei der Kommunikation mit ihren Pferden nutzen, gelten Stimmhilfen unter den Vertretern des klassischen Reitstils deutscher Prägung weithin als verpönt. Waldemar Seunig stellt es im Gegensatz dazu eindeutig als erstrebenswert dar, das Pferd durch den überlegten Einsatz von Stimmsignalen und den gleichzeitig eher zurückhaltenden Gebrauch rein technischer Hilfsmittel wie Leine und Peitsche aufmerksam gegenüber kleinsten Hilfen zu erhalten. Das Ziel vor allem vieler Dressurreiter, gleich welcher Couleur, ist doch das mit unsichtbaren Hilfen wie von Geisterhand gelenkte Pferd, das nur aufgrund eben dieser Leichtigkeit mit seinem Reiter zu einem harmonischen Ganzen verschmelzen kann. Da müßte die Stimme als unsichtbares und bei richtigem Einsatz auch unhörbares Hilfsmittel dem modernen Dressurreiter doch wie gerufen kommen!

Die heute übliche, unverständliche Beschränkung der einzusetzenden Hilfsmittel auf technisches Gerät, verbunden mit oft groben, deutlich sichtbaren und unästhetischen Reiterhilfen sind Symptome einer Entwicklung im klassischen Dressursport, die von vielen traditionsbewußten und aufgeklärten Ausbildern mit Sorge betrachtet werden. Sie findet ihren wohl unschönsten Ausdruck in der „Rollkur", dem durch starre Reiterhände erzwungenen Einrollen des Pferdes hinter dem Gebiß. Ganz neu scheint dieses Übel allerdings auch nicht zu sein.

> *„Vom Beizäumen und einer dadurch zu erreichenden schematischen Kopf - und Halshaltung wurde, wie ich glaube, früher zu viel geredet, und ohne es zu wollen erreichte man damit nur, daß vielfach die Ursache mit der Wirkung verwechselt wurde. Selbstverständlich soll der Kopf des in der Beizäumung gehenden Pferdes eine Lage annehmen, die sich der Senkrechten nähert und bei der das Maul je nach Bau und Anlagen des Pferdes ungefähr in Hüfthöhe steht … .*
> *Zu diesem Zweck muß sich das Pferd mit losgelassenem, den höchsten Punkt bildendem Genick, herangedehntem Halse und in sicherer Anlehnung infolge treibender Einwirkung von selbst ‚in die Hand stellen'; eine Bezeichnung, nebenbei gesagt, die ‚beizäumen', das immer einen Beigeschmack von aktiver Handeinwirkung hat, mit Vorteil ersetzen könnte. … Beizäumung und Aufrichtung sind keine wesentlichen Ziele des Dressuraufbaues, wohl aber Folge- und Begleiterscheinung sachgemäßer Arbeit."*
>
> *Von der Koppel bis zur Kapriole, Waldemar Seunig, 1943*

Die Ursache mit der Wirkung zu verwechseln – darin liegen wohl einige der negativen Entwicklungen im Reitsport begründet. Anlehnung wird nicht gewährt, sondern erzwungen, Beizäumung wird nicht erarbeitet, sondern mittels Hilfszügeln vorgetäuscht, die Ausbildung des Pferdes nicht als Selbstzweck betrieben, sondern als leider notwendiges Mittel zum Turnierer-

*Gut reiten heißt,
mit Konsequenz
und Freundlichkeit
vorzugehen.*

folg. Der Sinn und Zweck des ganzen Turnierwesens, das doch eigentlich Reiter und Pferd wertvolle Hinweise auf den aktuellen Entwicklungsstand, eventuelle Schwächen und weiter heraus zu formende Stärken geben sollte, hat sich vielfach ins genaue Gegenteil verkehrt. Kann der Reiter selbst sein Pferd nicht auf den als notwendig erachteten Ausbildungsstand bringen, gibt er es beim Profi in Dauerberitt und erhält es am Turniertag zurück, bekommt es gar noch warm geritten unter den Hintern (Pardon) geschoben.

Zeigt der Vierbeiner Defizite in bestimmten Bereichen, muß ein neuer reitbarer Untersatz her, weist er aber bestimmte Begabungen auf, werden diese in Zukunft einseitig gefördert, das Pferd zum Fachidioten gemacht. Schade eigentlich und mit ein Grund dafür, warum sich viele Reiter heute vom Turniergeschehen abwenden und als bloße Freizeitreiter ihren individuellen Neigungen nachgehen. Dieser verfehlte Ehrgeiz mag mit ein Grund für den nachfolgenden Aufruf zur Selbstkritik sein:

„Der Grund für einen gestörten Gang ist fast immer ein Zuviel an reiterlicher Einwirkung!"

Meilensteine auf dem Weg zur Hohen Schule
Kurt Albrecht, 1983

Damit dieser Abschluß nicht gar so negativ klingt, wollen wir ihn umformulieren: „Der Grund für einen hervorragenden Gang ist fast immer ein sinnvoll dosiertes Maß an reiterlicher Einwirkung!" Reiterhilfen dürfen sicher nicht nach dem Motto: „Viel hilft viel!" gegeben werden. Sinnvoll dosiert heißt, mit Konsequenz wie mit Freundlichkeit auf eine dem Pferd möglichst verständliche Art zu kommunizieren.

Und da wir alle Pferdefreunde sind, sollte uns dies nicht weiter schwer fallen. Vielleicht muß man nur bei der Auswahl seiner Vorbilder etwas genauer hinsehen. Die Elite der deutschen Reitsportler gleich welchen Reitstils jedenfalls erfüllt diese Vorbildfunktion leider nur bedingt.

„EIN GÜLDNER ZAUM MACHT DAS PFERD
NICHT BESSER"

VON DER AUSRÜSTUNG DES PFERDES

Ein güldner Zaum macht das Pferd nicht besser und noch weniger ist er geeignet, das Ansehen des Reiters zu heben. Damals wie heute wurden Ausrüstungsgegenstände nicht allein nach ihrer Zweckmäßigkeit gewählt, hinzukommend geben viele Reiter über die Art und Weise, wie ihr Pferd ausgerüstet ist, ein Statement bezüglich ihres Lebensgefühls, ihres Selbstwertes oder ihrer finanziellen Mittel ab - was aber nicht unbedingt auf Arroganz oder einen dicken Geldbeutel hinweisen muß. Schließlich kann der Stolz auf das eigene Pferd auch auf diesem Wege ausgedrückt werden, wobei die Grenzen zwischen überheblicher Selbstdarstellung und liebenswerter Rossnarrheit sicher fließend verlaufen. Schon die Wahl von Rasse oder Reitstil erfolgt sicher nicht zufällig: Sage mir, was und wie Du reitest und ich sage Dir, wer und wie Du bist - mit gewissen Einschränkungen natürlich.

Zurück zur Ausrüstung des Pferdes. Sicher und zweckmäßig muß sie sein, dem Pferd passen, seinem Ausbildungsstand entsprechen und möglichst auch noch bezahlbar sein. Schon die Altvordern verurteilten das übermäßig herausgeputzte Pferd ganz streng als geschmacklos und rieten, bei derlei Firlefanz genauer hinzusehen.

Stil und Können, nicht Prunk und Protzen, sind im Fahrsport gefragt.

Wahre Schönheit kommt von innen und bedarf keiner Mätzchen.

Ganz besonders schön und treffend hat es Waldemar Seunig formuliert:

> *„Das Pferd präsentiert sich am eindrucksvollsten und schönsten, wenn es seiner Bestimmung gemäß frisiert und in Kondition, unverhüllt die Formen zeigt, die ihm der Schöpfer gegeben und die nicht durch farbiges Riemenwerk je nachdem gehoben oder verdeckt werden sollen. Der Kenner wird durch solchen Firlefanz ohnehin nicht getäuscht. Das beste Mittel, ein Pferd schöner erscheinen zu lassen als es im Zustande der Ruhe ist, wird immer gutes Reiten bleiben. ...*
> *Die Aufmachung von Reiter und Pferd gibt mitunter recht deutliche Hinweise auf die Art des Betreffenden. Sie ist eine Visitenkarte, die - obzwar eine scheinbare Äußerlichkeit - dennoch oft recht tiefgreifende Schlüsse auf die inneren Eigenschaften des Reiters ziehen läßt."*
>
> Von der Koppel bis zur Kapriole
> Waldemar Seunig, 1943

Dem ist eigentlich nichts mehr hinzuzufügen, oder?

> *„Das Pferd lobt den Sattler."*
>
> Deutsches Sprichwörter-Lexikon -
> Ein Hausschatz für das Deutsche Volk
> Karl Friedrich Wilhelm Wander, 1867

... und der Reiter hat ebenfalls allen Grund, dem fachkundigen Sattler ein herzliches „Dankeschön" auszusprechen, stellt doch der Sattel die Verbindung zwischen Pferd und Reiter her und ermöglicht es dem Reiter - gutes Reiten einmal vorausgesetzt - im Pferd und nicht auf dem Pferd zu sitzen.

Ein guter Sattel hat immer seinen Preis und der liegt, je nach Modell, selten unter DM 2000,-. Wer sich mit Billigmodellen Marke Pappedeckel zufrieden gibt, nimmt erhebliche Einbußen an Sitzkomfort, Paßgenauigkeit und Langlebigkeit in Kauf. Aber auch

> *„Das Ross ist nicht nach seiner Schabracke und seinem Stirnschmuck zu schätzen."*
>
> Deutsches Sprichwörter-Lexikon -
> Ein Hausschatz für das Deutsche Volk
> Karl Friedrich Wilhelm Wander, 1867

Paßt der Sattel noch?

der beste Sattel kann nur dann als „gut" bezeichnet werden, wenn er dem Pferd paßt, und hier gibt es oft erhebliche Probleme. Die Wahl eines Sattels darf nicht dem Zufall oder dem individuellen Geschmack überlassen bleiben, hier ist das Urteil eines Fachmannes oder einer Fachfrau gefragt. Er oder sie wird nach einem Abdruck des Rückens mehrere in Frage kommende Sättel auflegen, deren Paßform mit und ohne Reiter beurteilen und Tips für notwendige weitere Ausrüstungsgegenstände wie Schweifriemen, Sattelgurt oder Sattelunterlagen geben.

Oft stehen Reiter vor dem Problem, daß der jahrelang gut passende Sattel irgendwann ganz offensichtlich zwickt und kneift, und können sich dies nicht erklären. Dem noch wenig bemuskelten, dafür mit reichlich Babyspeck versehenen Jungpferd wurde der Sattel angepaßt, der nun auf dem in Saft und

Kraft stehenden, voll ausgebildeten und entsprechend bemuskelten Roß nicht mehr richtig sitzt. Hier muß ein neuer Sattel her, und zwar unverzüglich, will man sich nicht in die Riege ratloser Besitzer durchgehender, verspannter oder mit Rückenschäden behafteter Pferdebesitzer einreihen. Über Geld, welches beim Sattelkauf gespart wurde, freuen sich sonst später Tierärzte und Korrektur reitende Ausbilder.

Mit einem recht einfachen Trick kann jeder Reiter die Paßgenauigkeit des eigenen Sattels von Zeit zu Zeit zumindest ungefähr überprüfen: Der Sattel wird „nackt", also ohne Satteldecke, aufgelegt. Liegen die Polster rechts und links der Wirbelsäule von vorne bis hinten gleichmäßig auf? Schmiegt sich der vordere Rand des Sattels unterhalb der Kammer gleichmäßig an? Liegt der Sattel hinter dem

Moderne Gelpads lassen Hitze und Feuchte durch.

Schulterblatt und mindestens fünf bis zehn Zentimeter vor dem Fellwirbel der Flanke? Paßt die Breite der Kammer? Wenn diese ersten Kriterien erfüllt sind, wird das Pferd ausnahmsweise ohne Satteldecke tüchtig geritten. Nach dem Ritt haben die aufliegenden Partien des Sattels ein deutliches Muster ins Fell gedrückt oder das Fell ist an diesen Stellen sogar naß. Anhand des so entstandenen Musters läßt sich nun leicht erkennen, ob der Sattel auch unter dem Reiter überall gleichmäßig aufliegt.

> *„Die Satteldecken werden meist aus Filz, Wollstoff oder Leder gemacht. Am zweckmäßigsten sind meiner Ansicht nach solche, die aus weichem, in der Form eines Sattels geschnittenen Leder bestehen. Dickere Satteldecken sind unpraktisch, denn der Zweck der Unterlage kann und darf nur der sein, der Polsterung des Sattels Schutz gegen den Pferdeschweiß zu gewähren.“*
>
> *Das Buch vom Pferde, C. G. Wrangel, 1888*

Seit einigen Jahren sind zu Sattelunterlagen aus Stoff, Wolle, Filz und Leder solche aus einem Gelmaterial getreten, die sich zu Recht zunehmender Beliebtheit erfreuen. Das visköse Gel verteilt den über den Sattel ausgeübten Druck des Reitergewichts sehr gleichmäßig und schont so den Rücken. Einziger Nachteil vieler dieser Produkte: Mit der Zeit entsteht darunter ein Hitze- und Nässestau, was sie für längere oder intensivere Ritte ungeeignet machen kann. Allerdings lassen sie sich oft mit normalen Satteldecken kombinieren, oder der Reiter entscheidet sich für eine Version, bei der das eigentliche Gelkissen in eine Decke eingearbeitet wurde, welche Hitze und Feuchte aufgesaugt und über Lücken in der Gelauflage abziehen läßt.

Sehr beliebt sind auch Sattelpads, die aus dem Westernreitsport entlehnt wurden. Sie sind allerdings nicht beliebig mit „normalen" Sätteln kombinierbar, da ihr Schnitt und ihre Dicke den Reiter oft zu weit über dem Pferd sitzen lassen, sie am Widerrist nicht ausreichend in die Kammer gezogen werden können oder der Sattel rutscht. Wo sie passen, sind sie eine ideale, schonende und bequeme Unterlage vor allem für längere Ritte. Sie sind allerdings nicht geeignet, die Nachteile eines schlecht passenden Sattels – womöglich noch durch die Kombination mehrerer Unterlagen – ausgleichen.

Was für den Sattel gilt, stimmt auch bezüglich der Zäumung: Passen muß sie und individuell auf das Pferd eingestellt sein.

> „Soll das Pferd recht gehen, so muss man das Mundstück gerecht machen."
>
> Deutsches Sprichwörter-Lexikon
> Ein Hausschatz für das Deutsche Volk,
> Karl Friedrich Wilhelm Wander, 1867

Nicht nur der Gebißtyp, sondern auch die Paßform entscheidet darüber, ob der Zügel in der Hand des Reiters zur sanft klingelnden Telefonschnur oder zum brutalen Brecheisen wird. Jedes Gebiß ist nur so gut wie die Hand des Reiters, der es führt, aber um sanft und sauber einwirken zu können, braucht auch der beste Reiter das passende Arbeitsmaterial. Je dicker das Gebiß, desto sanfter wirkt es ein und desto ruhiger liegt es im Maul, aber desto ungenauer wird auch seine Einwirkung. Schmale Gebisse verlangen eine kontrollierte, sanfte und ruhige Reiterhand, vor allem wenn sie mit einem Anzug versehen sind, also eine Hebelwirkung ausüben. Ob gebrochen oder nicht, ob mit oder ohne Anzug, ob aus rostendem Eisen oder einer feinen Legierung, ob dick oder dünn: Passen muß das Gebiß und dem Ausbildungsstand von Reiter und Pferd ent-

Jede Zäumung ist nur so gut wie die Hand des Reiters, der sie führt.

Die Sperrwirkung des einfachen englischen Reithalfters reicht in jedem Fall aus.

den, wenn beide sich ab und an ein bißchen umstellen müssen.

Je mehr Leder desto besser, scheinen sich manche Reiter zu denken: Nur das weihnachtspaketmäßig hilflos verschnürte Pferd läßt sich ordentlich an den Zügel reiten, versammeln oder im Zaum halten. Zwar erfreuen sich allerlei mögliche und unmögliche Kombinationen von ein oder mehreren Gebissen mit Reithalfter, Hilfszügeln und Vorgurten in manchen Sparten des Reitsports großer Beliebtheit, ein äußerlich sichtbares Zeichen guten oder fachkundigen Reitens geben vier Pfund Leder am Pferdekopf aber nicht ab. Das Urteil alter Pferdekenner fällt dementsprechend eindeutig aus.

> *„Der Zweck der Reithalfter ist natürlich in erster Linie ein Hilfsmittel bei der Remontendressur zu sein. Ihr großer Wert besteht darin, indem sie es dem jungen Pferd unmöglich macht, sich während der Dressur der Einwirkung des milden Gebisses zu entziehen, den Reiter von der Notwendigkeit enthebt, schärfere Mittel in Anwendung zu bringen. Sobald aber die Dressur beendigt ist, kann die Reithalfter wieder bei Seite gelegt werden."*
>
> *Das Buch vom Pferde, C. G. Wrangel, 1888*

sprechen. Daraus folgt, daß - ähnlich wie beim Sattel - irgendwann der Kauf eines neuen Gebisses notwendig wird. Ganz grundsätzlich kann es sowieso für Reiter und Pferd von Vorteil sein, ab und an ein neues Gebiß zu benutzen oder zwischen Gebiß und gebißloser Zäumung abzuwechseln, wenn die Ausbildung des Pferdes dies zuläßt. Es erhält die Reaktionen des Pferdes frisch und läßt die Einwirkung des Reiters nicht zur gedankenlosen Routine wer-

Sie werden vielleicht lange suchen müssen, bis Sie ein Team aus Reiter und Pferd finden, das nicht nur auf den Einsatz eines Reithalfters verzichtet, sondern dies auch ohne Einbußen der Rittigkeit tun kann. Ein Lob dürfen sich die vielen Westernreiter abholen, deren Turnierreglement grundsätzlich den Einsatz von Reithalftern ebenso wie die Verwendung von Hilfszügeln nicht vorsieht. Zuhause im stillen Kämmerlein mag dies anders gehandhabt werden, aber diese Einschränkung soll gewährleisten, daß der Öffentlichkeit ein Bild niveauvollen Reitens geboten wird.

Wenn es denn sein muß, kann auf das allgegenwärtige kombinierte englische Reithalfter (= englisches Reithalfter mit Pullerriemen) oder die meist eh zu tief und zu eng verschnallte hannoversche Version zugunsten des einfachen englischen Halfters verzichtet werden. Die Gesetze des Physik erlauben den Einsatz dieser angenehmeren Version, denn um ein Pferd am Sperren zu hindern, ist es egal, wo die Kiefer in ihrer Öffnungsweite begrenzt werden, oben oder ganz unten, das spielt keine Rolle.

Ebenso großer Beliebtheit erfreuen sich Hilfszügel, die in vielen Fällen beim Reiten oder Longieren eingesetzt werden, ohne daß der Reiter sich über die Wirkungsweise im klaren wäre.

> *„Der Zweck der Schleif- und Sprungzügel ist den Reiter in Stand zu setzen, korrigirend auf die Haltung des Kopfes und des Halses einzuwirken. Auf einem vernünftig gerittenen und richtig gezäumten Pferde, wird der gute Reiter solcher Hilfsmittel allerdings nicht bedürfen; es kann aber doch vorkommen, daß die Beibehaltung der richtigen Kopfstellung infolge irgend einer Unregelmäßigkeit im Bau des Pferdes mit ernsten Schwierigkeiten verknüpft ist. In solchen Fällen leistet ein guter Schleifzügel vorzügliche Dienste, so wie er auch während der ersten Dressurperiode das Reiten bedeutend vereinfacht und erleichtert. … Ihre Anwendung setzt also ein feines Reitergefühl und eine weiche, wachsame Hand voraus."*
>
> Das Buch vom Pferde, C. G. Wrangel, 1888

Wieso heißt der Hilfszügel wohl „Hilfs"zügel? Doch wohl deshalb, weil er zur kurzfristigen Hilfe eingesetzt werden kann und darf, während der dauernde unreflektierte Einsatz den Anwender als reiterlichen Hilfsschüler outet. Und die weiche, „wachsame" Hand, die C. G. Wrangel so eindringlich fordert, muß vor allem auch selbstkritisch erfühlen, wann und wo mittels Hilfszügel Abkürzungen gegangen werden, die den Reiter vom rechtem Weg abbringen.

Es mutet manchmal schon seltsam an, daß derart schädliche oder unsinnige Ausrüstungsgegenstände allgemein anerkannt sind und kritiklos angewendet werden, während weniger alltägliche Konstruktionen gleich als modernes Teufelszeug an den Pranger der reiterlichen Öffentlichkeit gestellt werden, ohne vorher Sinn und Zweck genauer zu untersuchen. Ein gutes Beispiel ist der in Gangpferdekreisen bekannte, wenn auch wenig verbreitete „smart jockey". Dieser „schlaue Reiter" erlaubt eine Doppellongenarbeit mit unterschiedlich hoch eingestellten Leinen, ermöglicht allerdings leider auch bei entsprechender Verschnallung eine unnachgiebige Korrektur der Aufrichtung in die gewünschte Tölthaltung. Daß damit viel Schindluder getrieben werden kann, steht außer Frage, aber für welchen Ausrüstungsgegenstand gilt dies nicht? Und eine Erfindung moderner Pferdeschinder ist der smart jockey sicher nicht, vielmehr finden sich solche und ähnliche Konstruktionen in alten Pferdebüchern wieder.

> *„Der ‚Spanische Reiter' ist ein Instrument, welches in England allgemein bei der Dressur junger Pferde benützt wird. Derselbe hat jedoch in letzter Zeit, hauptsächlich wohl deshalb, weil er in seiner älteren Form dem Pferdemaul das feine Gefühl raubte, viele Widersacher gefunden ."*
>
> Das Buch vom Pferde, C. G. Wrangel, 1888

Damals wurde das Pferd über den Kappzaum longiert und über den Spanischen Reiter ausgebunden, der Hilfszügel der Spanischen Reiters wirkte also - anders als der smart jockey in seiner heutigen Form – starr. Wo das unheimlich anmutende Gerüst über dem Pferderücken lediglich als obere Verlängerung des Longiergurtes dient und es dem Longenführer ermöglicht, seine Longen nicht nur durch die relativ tief angesetzten Ringe des Gurtes zu führen, sondern eben mehr der Handhaltung des Reiters anzunähern, ist seine Verwendung durch entsprechend ausgebildete Pferdetrainer nicht zu bemängeln. Wird das Pferd aber durch mehrfach umgelenkte Leinen und eine entsprechend große Hebelwirkung bei jeder Einwirkung in eine steife, unnatürliche Haltung gezwungen, ist dies eine ebenso große Schweinerei wie das Barren oder Dopen unserer Vierbeiner.

> *„Ehe man zu Pferde steigt, muß man mit einem Blick dessen ganze Equipage untersuchen. Diese Aufmerksamkeit, die das Geschäft eines Augenblicks ausmacht, ist schlechterdings nothwendig, um die gefährlichen Folgen zu verhüten, die denen zustoßen können, die diese geringe Sorgfalt vernachlässigen."*
>
> *Reitkunst, Francois Robichon de la Gueriniere, Marburg 1817*

Mancher Unfall und manche Verletzung verhindert der, welcher sorgsam und umsichtig mit Sattel und Trense umgeht. Nachlässigkeit in der Lederpflege resultiert bald in ungeschmeidigem, brüchigem Leder und dies wiederum verursacht Druckstellen beim Pferd und befördert den Reiter beim unvermeidlichen Riß eines Steigbügels oder Sattelgurtes schnell auf den Boden. Alle Lederteile werden von Zeit zu Zeit mit warmem Wasser und Sattelseife gereinigt, anschließend gefettet oder geölt und in einem trockenen, gut

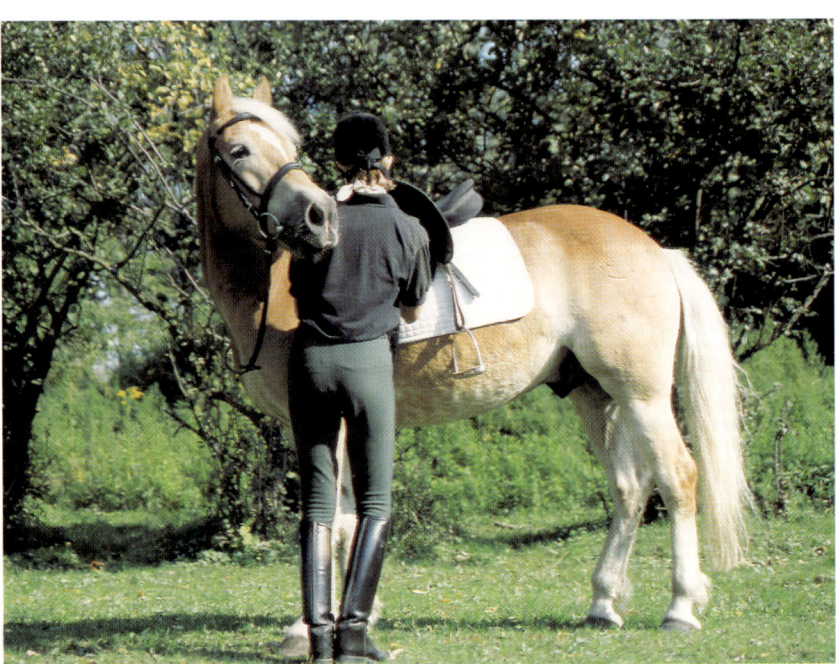

"Ehe man zu Pferde steigt ..."

*Gutes Reiten bringt
schöne Pferde hervor.*

belüfteten Raum aufbewahrt. Waschbare Sattelgurte, Sattelunterlagen und andere Kleinteile werden in einen alten Kopfkissenbezug gesteckt und in der Waschmaschine gründlich gewaschen. Besonders in Sattelunterlagen setzt sich im Sommer wie auch während des Fellwechsels die Unterseite mit einer Mischung aus Schweiß, Staub und Fell zu, wird brüchig und faltig.

„Ein güldner Zaum macht das Pferd nicht besser" und „Das beste Mittel, ein Pferd schöner erscheinen zu lassen ..., wird immer gutes Reiten bleiben." Das können wir uns alle ins Stammbuch schreiben lassen. Sonst heißt es irgendwann:

> *„Er sitzt auf dem Pferde, als wenn er drauf geschissen wäre."*
> *Deutsches Sprichwörter-Lexikon*
> *Ein Hausschatz für das Deutsche Volk*
> *Karl Friedrich Wilhelm Wander, 1867*

... und das wäre doch recht unschön, oder?

„ES GEHÖRT MEHR ZUR REUTTEREUY,
DEN ZWEEN SCHENCKEL VBERS PFERD
SCHLAGEN"

VOM WESEN
DER REITKUNST

Aufsitzen und einfach losreiten - von unten, aus der Position des Fußgängers betrachtet, scheint die ganze Reiterei eine recht einfache Angelegenheit zu sein. Die eigentliche Arbeit verrichtet schließlich ganz offensichtlich das Pferd, der Reiter hingegen kann sich gemütlich zurechtsetzen und auf das niedere Volk herabsehen. Hin und wieder wird zartfühlend am Zügel gewackelt, ein Schenkel ein bißchen verlagert, möglicherweise das Gesäß

Zwei Freunde machen die ersten Schritte auf dem Weg zur wahren Reitkunst, ganz auf ihre Art.

ein wenig gelüpft, und schon traversiert, piaffiert oder galoppiert das liebe Tier. Daß zur reiterlichen Wirklichkeit Muskelkater, Stürze, Reitwölfe und andere entwürdigende Unannehmlichkeiten gehören wie der Schweif zum Pferd, es mit ein paar zurückhaltend angedeuteten Hilfen bei weitem nicht getan ist, weiß bereits jeder Reitanfänger nach der ersten Longenstunde. Er oder sie kämpft meist - und immer wieder vergebens - mit der Schwerkraft, mit dem ungewohnten Gerüttel und Geschüttel und hat genug damit zu tun, einfach nur oben und möglichst sitzen zu bleiben. Leichtigkeit? Eleganz? Mühelosigkeit? Absolute Fehlanzeige!

Vom bloßen Draufsitzen bis zur Reitkunst ist es ein weiter, beschwerlicher Weg, der eigentlich für keinen wirklichen Reiter jemals endet. Die reiterliche Entwicklung hört nämlich

nicht mit der Erlangung eines sicheren Sitzes, einer immer feiner und gezielter werdenden Hilfengebung auf, läßt sich schon gar nicht in Schleifen und Preisen messen, sondern beginnt eigentlich erst dort. Besser: Sollte dort beginnen. Wer nämlich mit der Auswahl seiner Reitschule nicht einen ausgesprochenen Glücksgriff getan hat, wird vielleicht auf Dauer bei einer überwiegend mechanischen Bedienung des reitbaren Untersatzes bleiben.

Betrachtet man Reiten als bloße Sportart, kann nur ein kleiner, für viele Reiter nicht einmal wichtiger Aspekt der facettenreichen Beschäftigung mit dem Pferd erfaßt werden. Körperliche Ertüchtigung, Bewegung an frischer Luft, Übung von Geschmeidigkeit und Balance, ja, sicher, aber dazu treten mindestens gleichberechtigt andere, oft weniger offensichtliche Einflüsse. „Es gehört mehr zur Reytterey, als zween Schenckel vbers Pferd schlagen" - aber was genau eben noch dazu gehört, das läßt sich nicht so ohne weiteres definieren. Wer glaubt, durch bloßen mechanischen Aktionismus reiten lernen zu können, der wird nämlich nicht nur vielleicht bitter enttäuscht, sondern muß auf wichtige, bereichernde Erfahrungen verzichten. Harmonie mit dem Pferd, die Verschmelzung zweier so unterschiedlicher Lebewesen in der Bewegung, erlebnisreiche Stunden mit einem guten, vierbeinigen Freund werden nur dem geschenkt, der sich darauf einläßt, mehr zu fordern als bloße sportliche Betätigung auf einem reitbaren Untersatz. Wer darauf verzichtet und demzufolge früh an die Grenzen seiner reiterlichen Entwicklung stößt, der gibt oft dem Pferd die Schuld, statt seiner eige-

Reiten ist mehr als eine Sportart.

nen beschränkten und sich selbst beschränkenden Einstellung.

„Wenn einer nit wol reiten kann, so muss der Gaul die Schuld dran han."

Deutsches Sprichwörter-Lexikon
Ein Hausschatz für das Deutsche Volk
Karl Friedrich Wilhelm Wander, 1867

Nicht zufällig spricht man heute wieder so oft von Reitkunst: Wie bei der Schaffung eines Kunstwerks entspringt den gemeinsamen Bemühungen von Pferd und Reiter etwas, was mehr ist als die Summe der Eigenschaften beider, so wie eine Symphonie über die zufällige Reihung von Tönen hinausgeht, ein Gemälde mehr ist als die Addition von Farbe, Leinwand und Pinsel. Kunstwerke lassen sich nicht erzwingen, sie verdanken ihre Entstehung neben Talent und Fleiß auch der Selbstkritik und Selbstdisziplin des Künstlers. Diese Erkenntnis ist alles andere als neu, schon vor mehr als zwei Jahrhunderten gab es wohl genug Anlaß, gegen die bloß mechanische Ausübung des Reitsportes zu wettern.

> „Alle Wissenschaften und Künste haben Grundsätze und Regeln, durch welche man Entdeckungen macht, die zu ihrer Vollkommenheit führen. Nur die Reitkunst allein scheint einer bloßen Uebung zu bedürfen. Indessen ist eine von richtigen Grundsätzen entblößte Praxis eine blos mechanische Ausübung, deren ganzer Nutzen in einer gezwungenen und ungewissen Ausführung besteht. Es ist ein falscher Glanz, der Halbkenner blendet, die öfters mehr durch die Zierlichkeit des Pferdes als durch die Geschicklichkeit seines Reiters überrascht werden. Daher kommt nun die geringe Anzahl gut abgerichteter Pferde, und die wenige Geschicklichkeit, die man gegenwärtig bei dem größten Theil derer wahrnimmt, die sich Reiter nennen."
>
> Reitkunst, Francois Robichon de la Gueriniere
> Marburg 1817

Man verzeiht dem alten Meister sicher die heute unschön klingende Formulierung „abgerichtete Pferde", wo er doch so ganz offensichtlich des Pudels Kern trifft. „Übung macht den Meister", sicher auch den Reitmeister, dazu aber muß zwingend etwas hinzukommen, was Gueriniere „Grundsätze" nennt, man könnte wohl auch den Begriff „Einstellung" wählen. Damals wie heute gab es Anlaß genug, die

„blos mechanische Ausübung" der Reitkunst zu verdammen. Sie läßt sich überall dort beobachten, wo erfolgreiches Reiten mit gutem Reiten verwechselt, wo nicht in Partnerschaft mit dem Pferd, sondern auf Kosten des Pferdes Sport betrieben und wo die Bereitschaft des Pferdes zur Unterordnung ausgenutzt und bis zu dessen Unterwerfung betrieben wird. Es wäre sicher vermessen, wie Gueriniere von „richtigen" Grundsätzen sprechen zu wollen, denn in der Partnerschaft zwischen Mensch und Pferd muß Raum für individuelle Nuancen bleiben. So ist es nicht verwunderlich, wenn im deutschsprachigen Raum heute eine Vielzahl von Reitstilen Wurzeln geschlagen hat, denen neben bestimmten Rassen, Ausrüstungsgegenständen, Trainingsinhalten und anderen Eigentümlichkeiten eine recht genau definierbare Einstellung zum Pferd, aber auch zu der eigenen Rolle als Reiter zugrunde liegt.

Getragen von gegenseitigem Respekt und freundschaftlicher Zuneigung, von verantwortungsvoller Fürsorge für das dem Halter anvertraute Geschöpf entwickelt sich eine Einstellung, die man in Ermangelung eines treffenden deutschen Begriffes „horsemanship" nennen mag. Wie auch immer diese Beziehung im einzelnen aussehen mag, sie sollte weitgehend frei sein von Härte und Zwang. Erziehung zum angenehmen Begleiter, unbedingt, Unterwerfung zum hündischen Ja-Sager, bitte nicht.

> „Erzwungenes und Unverstandenes ist niemals schön."
>
> Xenophon

Erst die Persönlichkeit des Pferdes verleiht der Reiterei Glanz.

> *„Ein Tänzer, der mit Peitsche und Stachel zum Umherspringen gezwungen wird, ist auch nicht schöner als ein Pferd, das gleichermaßen behandelt wird."*
>
> Xenophon, zitiert Simon von Athen

gangprüfung den letzten Glanz zu verleihen, aber auch aus dem gemütlichen Ausritt oder der flotten Unterrichtsstunde ein echtes Erlebnis zu machen.

Schon vor langer Zeit wußte man also um den Unterschied zwischen bloß korrektem und wirklich schönem Reiten. Nicht allein die Ästhetik und Eleganz der Bewegung geht unter übergroßer und unangemessener Härte verloren, auch die Persönlichkeit des Pferdes vermag sich nicht zu entwickeln. Erst sie, die ihren sichtbaren Ausdruck in der individuellen Ausstrahlung hat, vermag der Dressurkür, dem Reiningwettbewerb und der Fünf-

> *„Hülfen und Strafen müssen mit viel Fertigkeit und Geschwindigkeit gegeben werden, und ohne daß man große Bewegungen dabei mache. In dem Zeitpunkt, da der Fehler begangen wird, müssen auch die Strafen angewendet werden, denn sonst würden sie mehr schädlich als nützlich seyn. Vorzüglich aber darf man nie ein Pferd aus Laune oder Zorn strafen, sondern jederzeit mit kaltem Blute. Mit einem Wort: man kann sagen, daß die Behutsamkeit, in der Anwendung der Hülfen und Strafen, eines der schönsten Stücke des Reiters ist."*
>
> Reitkunst, Francois Robichon de la Gueriniere
> Marburg 1817

Die beiden haben noch viel Zeit, bevor der Ernst des Lebens beginnt - hoffentlich.

Selbstdisziplin, nicht ein großes sportliches Talent oder ein dickes finanzielles Polster ist für viele Pferdekenner und Reiter die wichtigste Voraussetzung für Erfolge im Sattel. Ein guter Reiter holt sein Pferd dort ab, wo es steht, und versucht nicht, es mit Gewalt und allerlei Tricks huschhusch die Ausbildungsleiter hinauf zu treiben. Er verzichtet darauf, mit Kunststückchen glänzen zu wollen, und erarbeitet statt dessen gemeinsam mit dem Pferd eine solide Grundlage für die gemeinsame Zukunft. Der Ausbilder, der in Verkaufsanzeigen beispielsweise einen „Andalusierhengst, vierjährig,

span. Schritt, Piaffe, Passage" zum Verkauf anbietet oder eine „Isländerstute, vierjährig, Rennpaß fertig", verdient diese Bezeichnung nicht.

> „Hab also acht, Reiter, auf Dich selbst. Ist Dein Pferd stützig, heftig, ungefügig, so dürfen wir kecklich die Behauptung aufstellen, Dir gebricht es an liebenswürdigem Charakter und richtiger Methode."
>
> Francois Baucher

Es ist also die richtige Mischung von sinnvoller Methode - der Reitlehre im eigentlichen Sinne des Wortes - und rücksichtsvollem, sensiblem Charakter des Reiters, die zur wahren Reitkunst führt. Umgekehrt fallen als negativ empfundene Eigenschaften des Pferdes immer auf den Reiter oder den verantwortlichen Halter zurück. Heute, da man so viel mehr über die naturgegebenen Bedürfnisse des Pferdes weiß und sich über die Folgen nicht artgerechter Haltung und Fütterung im klaren ist, würde man obige Formulierung sicher weiter fassen und bei schwierigen Pferde behaupten wollen, dem Reiter mangele es nicht allein am notwendigen liebenswürdigen Charakter und an richtiger Methode, sondern auch an den Kenntnissen und Erfahrungen, die einen echten Pferdemenschen ausmachen. Glücklicherweise nimmt allmählich nicht allein dieses Wissen, sondern vor allem die Bereitschaft zur Umsetzung in den Alltag zu, so daß die Zahl der im Offenstall in Pferdegesellschaft gehaltenen und bedarfsgerecht gefütterten Pferde langsam, aber sicher steigt.

> „Des Pferds Gemüth zeugt von des Reiters Geblüt."
>
> Deutsches Sprichwörter-Lexikon
> Ein Hausschatz für das Deutsche Volk
> Karl Friedrich Wilhelm Wander, 1867

Je länger und intensiver Reiter und Pferd sich miteinander beschäftigen, desto mehr wird der eine zum Spiegel des anderen, im negativen wie im positiven Sinne. Reiten wird oft als Tanz zwischen zwei Freunden bezeichnet, denn wie im Gesellschaftstanz gibt es einen führenden und einen geführten Partner und hier wie dort liegt in der scheinbar von selbst entstehenden Harmonie der Bewegungen der eigentliche Reiz.

> „Wer die Wipfel der Bäume im Winde betrachtet oder das Pferd im Spiel, weiß um die Kunst des Tanzes."
>
> Türkisches Sprichwort

Und wer nun ob der geistigen Höhenflüge ins Reich der Reitkunst den Boden unter den Füßen verloren hat, den mögen zwei handfeste Sprichwörter wieder in die Niederungen gewöhnlichen Reitens zurück versetzen:

> „Wer auff ein pferd sich selten setzt, der wird gar bald im ars verletzt."
>
> Deutsches Sprichwörter-Lexikon
> Ein Hausschatz für das Deutsche Volk
> Karl Friedrich Wilhelm Wander, 1867

> „Beim Reiten macht man den Mund zu und den Ars auf, in der Gesellschaft ist's umgekehrt."
>
> Deutsches Sprichwörter-Lexikon
> Ein Hausschatz für das Deutsche Volk
> Karl Friedrich Wilhelm Wander, 1867

„Es ist kein Pferd so gut, es hat ein Aber"

Von den Tricks der Rosstäuscher und Guthem Rath der Reitmeister

Was macht ein „gutes" Pferd aus? Welche Kombination von Gangwerk, Exterieur, Charakter und Temperament ist als ideal anzusehen? Welches sind die Merkmale eines schönen, ansprechenden Pferdes und was macht ein Pferd häßlich oder unbrauchbar? Ganz klar, auf diese Fragen kann es keine allgemeingültige Antwort geben, denn zu verschieden sind die Vorstellungen und Anforderungen der Reiter, zu verschieden auch das Bild, das sie aufgrund ihrer individuellen Erfahrungen und Träume vor Augen haben, fragt man sie nach ihrem Traumpferd. Und das ist auch gut so, denn wie langweilig wäre die Pferdewelt, wenn darin nur ein einziges, wenn auch vielleicht besonders gelungenes Exemplar im Einheitslook die Ställe und Weiden bevölkerte.

Geht es um die Auswahl eines Pferdes, spielen also individuelle Selektionskriterien eine Rolle. Der schwungvolle Trab, der dem Wanderreiter schmerzhaft den Allerwertesten staucht, entzückt den Dressurkünstler, ein stattliches Gardemaß von 1,75 m Stock wäre dem eingefleischten Ponyfan ein Greuel, ist aber dem Warmblutliebhaber eine Augenweide

und das spritzige Temperament eines hochblütigen Rosses läßt reiterliche Hasenherzen erzittern und Vielseitigkeitsreiter glänzende Augen bekommen.

Unsere Altvordern warten mit manchem gutem Rat bezüglich der Auswahl eines guten, geeigneten Pferdes auf, wußten aber ebenso um die Tricks der Roßtäuscher, die damals wie heute dem naiven und gutgläubigen Käufer ein X für ein U vormachen möchten.

> *„Ein gut Pferd sol drey dinge vom Wolff, drey dinge vom Fuchs, drey dinge von einem Weibe haben; nemlich des Wolffes Augen, fressen und erhöhung des Haupts; des Fuchses kurtze Ohren, langen Schwantz, gelinden trit; eines Weibes breite Brust, Hoffart und Haar."*
>
> Deutsches Sprichwörter-Lexikon
> Ein Hausschatz für das Deutsche Volk
> Karl Friedrich Wilhelm Wander, 1867

Derlei anschauliche Vergleiche finden sich in alten Sprichwörtern viele; heute würden wir sie sicher anders formulieren und vermutlich auch einige Prioritäten verschieben. Interessant ist oft die Mischung zwischen recht oberflächlichen Äußerlichkeiten und anderen Merkmalen, die einen direkten Bezug zur Gebrauchstüchtigkeit haben. Ein gutes Auge, ein gesunder Appetit, viel natürliche Aufrichtung oder eine ökonomische, angenehme Gangart sind sicher von Vorteil und allesamt Merkmale eines gebrauchstüchtigen Pferdes, die Länge der Ohren oder des Schweifes wie auch die „Hoffart" dagegen reine Schönheitsfaktoren, die für den Reiter eine eher untergeordnete Rolle spielen (sollten). Aber heute wie damals treffen wir, ob wir wollen oder nicht, beim Pferdekauf immer auch eine Bauchentscheidung: Die seltene Farbe, die besonders netten Augen, die imposante Erscheinung

Jedem Reiter sein ganz persönliches Traumpferd.

unseres Zukünftigen lassen uns kleinere Mängel übersehen oder bei zwei gleichwertigen Pferden eben das eine dem anderen vorziehen.

> *„Ein Pferd soll vom Hecht haben fressigkeit und behendigkeit im springen, vom Ahl behendigkeit oder geschicklichkeit und schnelligkeit, von den Schlangen scharff Gesicht oder gute Augen und dass sichs in einem Circkel bald herumb werffen kan; vom Lewen eine breite Brust und ein grob dick Haar am Halse; von der Katzen glattigkeit und einen sanfften trit."*
>
> Deutsches Sprichwörter-Lexikon
> Ein Hausschatz für das Deutsche Volk
> Karl Friedrich Wilhelm Wander, 1867

Nicht nur schnell, geschickt, mit viel Biegsamkeit und Aufrichtung ausgestattet wünschte sich der Volksmund sein Pferd, es sollte auch bequem zu sitzen und von schöner, eindrucksvoller Erscheinung sein. Die Fachleute urteilten da wesentlich rationaler und wollten Schönheit und Zweckmäßigkeit in ein Verhältnis gesetzt wissen.

> *„Die Schönheit ist ein relativer Begriff und kann nur beziehungsweise in Betracht kommen, da je nach den verschiedenen Gebrauchszwecken auch verschiedene Proportionen (Verhältnisse) nötig sind und z.B. ein schönes Reitpferd ganz anders aussehen muß, als ein schönes, zum schweren Zug bestimmtes Pferd. Der Begriff Schönheit darf aber nicht verwechselt werden mit Diensttüchtigkeit, denn es kann ein Pferd schön, aber dienstlich wenig wert sein und umgekehrt kann ein Pferd ein gutes Dienstpferd sein, ohne schön zu sein. ...*

73

> *... Um das Auge an einen raschen Ueberblick zu gewöhnen, ist es nötig, sich einzelne Verhältnisse besonders zu merken ... ohne aber dabei in den Fehler zu verfallen, darnach die einzelnen Teile mit Zirkel und Maßband ausmessen zu wollen, denn für einen wirklichen Pferdekenner ist nur das Augenmaß und ein schneller Ueberblick von Wichtigkeit."*
>
> *Der illustrierte Haustierarzt für Landwirte und Haustierbesitzer, Wilhelm Zipperlen, 1869*

Pferde wurden und werden nach ihrem vorgesehenen Einsatzzweck beurteilt, ihre natürliche Veranlagung in Exterieur und Interieur an den Anforderungen ihres zukünftigen Berufes gemessen.

Heute ist zur „Diensttüchtigkeit" und Schönheit ein drittes Merkmal gleichberechtigt hinzugetreten, das damals wohl weniger erwähnenswert schien: Das eines menschenfreundlichen und zugänglichen Wesens. So wie zu alten Zeiten verschiedene Körpermaße oder andere Faktoren des Exterieurs herangezogen wurden, um über den Wert eines Pferdes urteilen zu können, versucht man nun zunehmend, anhand der Physiognomie und bestimmter Verhaltensweisen des Pferdes Kern zu bestimmen. Je intensiver Menschen und Pferde zusammenleben, je mehr das Freizeitvergnügen in den Vordergrund und das rein erfolgsorientierte Turnierreiten in den Hintergrund tritt, desto wichtiger wird für den Pferdemenschen der Charakter, das Temperament, die Intelligenz oder eben der Mangel daran. Das Pferd wird immer weniger als ausführendes Organ, als Dienstbote und immer mehr als Partner, als Freund angesehen. Der muß nun nicht nur einfach seinen Dienst tun, und dies möglichst lange und effektiv, sondern auch eine Beziehung zu „seinem" Menschen eingehen können und wollen. Ohne das Pferd zu vermenschlichen und ihm seine pferdi-

Freundliche Pferde sind heute gefragt.

gen Eigenheiten und Bedürfnisse absprechen zu wollen, möchte Mensch eben mehr mit seinem Vierbeiner teilen als nur ein paar Minuten im bzw. unter dem Sattel. Es ist interessant zu beobachten, daß robust im Herdenverband gehaltene Pferde eine weitaus intensivere und angenehmere Art der Beziehung zu ihrem Besitzer eingehen als solche, die unter asozialen Verhältnissen nur in der Box gehalten werden. Je mehr das Pferd also Pferd sein kann, desto besser sind genau die Fähigkeiten entwickelt, die es auch im Zusammenleben mit dem Menschen benötigt.

> „Hat das Pferd einen krummen Fuß, so acht man seines schönen Kopfes nicht."
>
> *Deutsches Sprichwörter-Lexikon*
> *Ein Hausschatz für das Deutsche Volk*
> *Karl Friedrich Wilhelm Wander, 1867*

... und hat es einen unzugänglichen, sozial defizitären Charakter, so macht der Besitzer sich daran, den Ursachen auf den Grund zu gehen und die als Mangel empfundenen Verhaltensweisen mittels mehr oder weniger sinnvoller Methoden in den Griff zu bekommen.

Kein Zweifel, pferdeflüsternde Gurus sind in, sie fanden ihre maßgeschneiderte biologische Nische zwischen Ausbildern und Ausrüstern und beliefern das Reitervolk mit dem, was ihren Pferden zur Schönheit und Diensttüchtigkeit eben noch fehlt. Darunter befinden sich zweifelsohne viele gestandene, vorbildliche Pferdeleute, die mit Hingabe und einem oft kaum nachvollziehbaren Gespür für die Pferdeseele arbeiten, aber auch andere, die ein gefährliches Gemisch aus Pseudoesoterik und Selbstdarstellung betreiben.

Dabei wird oft übersehen, daß nicht der Mensch mit seinen Techniken und Methoden, sondern der pferdige Artgenosse entscheidend zur Ausbildung einer hohen sozialen Intelligenz beiträgt. Darf das Fohlen, das Jungpferd seine prägenden Kindheitsjahre

Nicht der Mensch, sondern der Artgenosse prägt im Idealfall das Pferd.

Dieses Team hat zusammen gefunden, ganz ohne „Flüsterer".

in der Gesellschaft von Artgenossen verbringen, lernt es dort auf natürliche, artgemäße Weise alles über Dominanz und Submission, über die aktive und passive Kommunikation, was es auch für sein Berufsleben in Partnerschaft mit dem Menschen benötigt. Eine artgerechte Aufstallung in Pferdegesellschaft sorgt auch nach dem Ende der Aufzuchtjahre dafür, daß diese Fähig-keiten nicht verkümmern; und beginnt der Reiter zudem erst dann mit der Ausbildung seines Pferdes, wenn dieses die notwendige geistige und körperliche Reife erreicht hat – und das wird nie vor dem dritten Lebensjahr der Fall sein – so wird er später wohl kaum die Hilfe eines Pferdegurus benötigen.

Schon zu Zeiten unserer Altvordern gab es wohl Anlaß zu der Mahnung, im Umgang mit Pferdehändlern und anderen Pferdeleuten den gesunden Menschen- (oder Pferde-)verstand obwalten zu lassen.

> „Wer sich verlässt auf eines Pferdehändlers Gewissen, der wird beim Einkauf beschissen."
>
> *Deutsches Sprichwörter-Lexikon*
> *Ein Hausschatz für das Deutsche Volk*
> *Karl Friedrich Wilhelm Wander, 1867*

Ganz so garstig muß man es vielleicht nicht formulieren, vor allem kann man dem Pferdehändler nicht pauschal eine Betrugsabsicht unterstellen, aber verlassen darf man sich beim Pferdekauf nur auf das eigene Urteil und die Ergebnisse einer tierärztlichen Ankaufsuntersuchung.

> „Viehkauf ist kein Kniekauf."
>
> *Deutsches Sprichwörter-Lexikon*
> *Ein Hausschatz für das Deutsche Volk*
> *Karl Friedrich Wilhelm Wander, 1867*

... sollte also nicht übers Knie gebrochen werden. Spontaneität und emotionale Entscheidungen in allen Ehren, beim Pferdekauf sind sie sicherlich fehl am Platz. Klar, die Chemie zwischen Pferd und zukünftigen Reiter muß stimmen, verkaufsentscheidend aber sollten ganz andere Merkmale sein.

Zunächst gilt es, die eigenen Ziele und Vorstellungen genau zu definieren, um so das passende Pferd auszuwählen. Wer gerne auf Turnieren im Dressurviereck brillieren möchte, ist mit einem Kaltblut eher schlecht bedient, denn selbst bei bester Veranlagung und sorgfältigster Ausbildung passen die sanften Riesen nicht in das immer noch recht eng gefaßte Vorstellungsvermögen klassischer Dressurrichter und bleiben selbst bei vergleichbaren Lei-

stungen in der Bewertung oft weit hinter ihren warmblütigen Kollegen zurück. Wo gemütliche Wanderritte und Spazierritte im Gelände geplant sind, sitzt man auf einem mächtigen Dressurtreter sicher zu unbequem, da paßt vielleicht ein ökonomisch gehendes Gangpferd besser.

Als zweites Auswahlkriterium muß der Ausbildungsstand von Pferd und Reiter miteinander abgeglichen werden. Je jünger und unfertiger das Pferd, desto erfahrener der Reiter und umgekehrt. Auch das bestveranlagte und gutmütigste Roß wird sich in der Hand eines unsicheren, unerfahrenen Reiters schnell zum unrittigen Problempferd entwickeln, während das brave, mit Ruhe und Gelassenheit seinen Dienst tuende ältere Pferdesemester den anspruchsvollen Reiter auf Dauer unterfordern dürfte.

Schließlich und endlich steht eine tierärztliche Ankaufsuntersuchung an, bevor mit einem Händedruck oder einer Unterschrift der Verkauf amtlich wird. Je intensiver und ausführlicher die Untersuchung, desto größer die Sicherheit für den zukünftigen Pferdebesitzer. Vorab sollte der Tierarzt unbedingt über das geplante Einsatzgebiet des Pferdes informiert werden, um dessen „Diensttüchtigkeit" dahingehend beurteilen zu können. Eine minimale Fehlstellung mag die Einsatzfähigkeit im großen Sport beschränken, wird ein Freizeitpferd aber zeit seines Lebens vermutlich nicht im geringsten behindern. Heute sollte selbst bei ungerittenen Jungpferden auf eine Röntgenaufnahme der Gliedmaßen bestanden werden, da manche Züchter durch übertrieben intensive Aufzucht (das sogenannte „Fohlentreiben") bereits in jungen

Äußerliche Merkmale können Hinweise auf den Ausbildungsstand oder den Charakter geben.

Pferdejahren den Grundstein für gravierende Schäden legen.

> „Das Pferd sieht des Nachts so gut wie am Tage, sagte der Rosskamm, als er einen blinden Gaul verkaufte."
>
> *Deutsches Sprichwörter-Lexikon*
> *Ein Hausschatz für das Deutsche Volk*
> *Karl Friedrich Wilhelm Wander, 1867*

Wirkliche Roßtäuscher vom alten Schlag dürfte man heute kaum noch antreffen, aber wie oben angeführtes Sprichwort zeigt, ist die Beurteilung mancher Merkmale eben Ansichtssache. Ob bestimmte Eigenschaften für oder gegen den Kauf eines bestimmten Pferdes sprechen, entscheidet allein der Käufer, vielleicht in Abstimmung mit

dem Tierarzt und einem zu Rate gezogenen Fachmann.

Wer genauer hinsieht, wird oft aus bestimmten äußerlichen Merkmalen Rückschlüsse auf den Ausbildungsstand oder Charakter des Pferdes, manchmal sogar auf die Umgangsformen seiner bisherigen Reiter ziehen können.

Schlecht gerittene, auf der Vorhand laufende Pferde erkennt man oft an ihrem mangelhaft bemuskelten Hals mit völlig gerader oder sogar eingefallener Oberlinie, während stark gegen die Hand gehende Pferde in vielen Fällen einen ausgeprägten Unterhals aufweisen. Mangelhaft gymnastizierte Vierbeiner mit unterentwickelter Hinterhand sind ebenfalls leicht auszumachen. Allerdings muß der Reiter schon genauer hinsehen, um vererbte von erworbenen Exterieurmängeln zu unterschieden. Ein typisches Beispiel für derartige Fehlinterpretationen ist der oft auffällig vernarbte, haarlose Nasenrücken mancher Spanienimporte. Der Volksmund würde dies vielleicht pauschal als Anzeichen eines schlechten Charakters interpretieren ...

> „Mitunter trifft man auf der Nase, an der Stelle, wo der Nasenriemen zu liegen kommt, schwielige oder wunde Stellen, welche vom Stallhalfter, aber auch vom Kappzaum herrühren können; es ist daher in solchen Fällen sehr ratsam, zu untersuchen, ob das Pferd nicht unartig, namentlich beim Beschlagen, ist."
>
> Der illustrierte Haustierarzt für Landwirte und Haustierbesitzer, Wilhelm Zipperlen, 1869

... und damit der Mehrzahl der wunderbaren Andalusier und Lusitanos bitter Unrecht tun. Schuld ist keineswegs die Persönlichkeit des Pferdes, sondern der oft vergleichsweise grobe Umgang ihrer Ausbilder mit der spanischen Version des Kappzaums, der mit seinem harten Nasenbügel eigentlich nach einer sanften Hand verlangt.

Auch bei anderen Pferden können haarlose Stellen am Nasenrücken entstehen, wenn ihre Haut besonders empfindlich ist und sie vielleicht Tag und Nacht ein Halfter tragen - was aus Sicherheitsgründen sowieso abzulehnen ist.

Dem Rücken des älteren, bereits gerittenen Verkaufspferdes wendet der Reiter heute seine besondere Aufmerksamkeit zu, seit das böse Wort von den „kissing spines" seine Runde macht. Auch dieses Problem ist zwar hochaktuell, aber nicht neu:

Besonders importierte Andalusier und Lusitanos weisen häufig haarlose und vernarbte Stellen am Nasenrücken auf.

> „Bei alten Reitpferden kommt es zuweilen vor, daß die Rückenwirbel mit einander verwachsen, wodurch der Rücken sehr steif und unbiegsam wird; dasselbe findet man auch hie und da bei senkrückigen Pferden."
>
> Der illustrierte Haustierarzt für Landwirte und Haustierbesitzer, Wilhelm Zipperlen, 1869

„Küssende Rückenwirbel", besser „küssende Dornfortsätze" sind meist das Resultat einer gründlich verfehlten Ausbildung unter dem Reiter, die zu einer Durchbiegigkeit des Rückgrates führt. Wird das Pferd nie in eine echte

Würde Jungstute „Tahnee" später falsch geritten, könnte auch sie kissing spines entwickeln.

Dehnungshaltung geritten, sondern möglichst bereits beim Aufsitzen „an den Zügel gestellt" und später die Nasenlinie überwiegend über die Hand in die Senkrechte gezwungen, können die langen Rückenmuskeln nicht gedehnt werden. Wird Anlehnung nicht gewährt, ist sie nicht das Resultat einer gründlichen Gymnastizierung und Aktivierung der Hinterhand sondern wird über die hart wirkende Zügelhand erzwungen, so wird der Rücken festgestellt, seine Tragkraft nicht aktiv entwickelt.

Es sind meist zwei Typen von Pferden, die von dieser Erkrankung betroffen sind: Zum einen die über die Hand in eine unechte Versammlung gezwungenen Vierbeiner, zum anderen ihre permanent in einer falsch verstandenen „natürlichen" Haltung gehenden Kollegen. Die mangelhafte Ausbildung der langen Rückenmuskeln und der Bauchmuskeln führt dazu, daß sich die oberen Enden der Dornfortsätze - das sind die Knochenknubbel, die sich dem sattellosen Reiter in den Allerwertesten bohren - einander annähern, in Berührung kommen, entzünden und nach und nach miteinander verwachsen. Leider sind es beileibe nicht mehr nur alte oder durch Gebäudefehler prädisponierte Pferde, die unter den kissing spines leiden, sondern zunehmend ganz regelgerecht gebaute Vierbeiner mittleren Alters. Der Pferdekäufer tut also gut daran, bei der Ankaufsuntersuchung auch den Rücken mit überprüfen zu lassen.

> *„Da das Tragen des Schweifes ... von großem Einflusse auf die Schönheit des Pferdes ist, und namentlich bei edlen Pferden vorkommt, so werden verschiedene Mittel angewendet, um dieses Tragen auch bei weniger edlen Pferden hervorzubringen und ihnen dadurch ein eleganteres Aussehen zu verleihen. Es geschieht dies namentlich durch eine besondere Operation, das Englisieren oder Kerben, welches darin besteht, daß man die Muskeln, welche den Schweif herabziehen, und welche auf der untern Fläche der Rübe liegen, quer durchschneidet, oder ein Stück derselben herausschneidet und die Wundränder bis zur Heilung durch Aufhängen des Schweifes in Rollen auseinanderhält."*
>
> *Der illustrierte Haustierarzt für Landwirte und Haustierbesitzer, Wilhelm Zipperlen, 1869*

Diese so gruselig, vorsintflutlich anmutende Verstümmelung ist nach wie vor in Gebrauch, allerdings in unseren Breiten kaum noch anzutreffen. Es kommen unterschiedliche Techniken zur Anwendung, die je nach Wunsch den Schweif völlig ruhig stellen oder aber zur Folge haben, daß der Schweif besonders hoch getragen wird.

Zur Ruhigstellung des Schweifes werden die seine Muskulatur versorgenden Nerven mittels einer oder mehrerer Alkoholinjektionen blockiert oder chirurgisch komplett durchtrennt. Diese Techniken bewirken, daß der Schweif völlig bewegungslos herabhängt und lediglich im Takt des

Schrittes etwas mit schwingt. Noch vor wenigen Jahren war die Nervenblockade bei Pleasurepferden in den USA so verbreitet, daß auf Shows spezielle Meßtechniken angewandt wurden, um eine normale oder eine herabgesetzte Nerventätigkeit im Schweif nachweisen zu können. Auch von südamerikanischen Gangpferden wurde berichtet, daß sie dieser verstümmelnden Operation unterzogen wurden.

Im Gegensatz zum ruhig pendelnden, besondere Gelassenheit oder ein außergewöhnlich sanftes Gangwerk vortäuschenden Hängeschweif wurde und wird bei anderen Pferderassen der fahnenartig über der Kruppe getragene Schweif bevorzugt. Dazu durchtrennte man die Muskulatur der Schweifunterseite, so daß die intakten oberen Schweifmuskeln durch ihren Zug die Schweifrübe aufstellten.

Um Mißverständnissen gleich vorzubeugen muß betont werden, daß diese Eingriffe inzwischen äußerst selten geworden sein dürften und das sowohl der ruhig pendelnde als auch der erhoben getragene Schweif bei der großen Mehrzahl aller Pferde auf völlig natürlichen Veranlagungen und/oder einer entsprechenden Ausbildung beruht.

> *„Ein anderes Mittel der Pferdehändler ist das sog. Pfeffern, welches darin besteht, daß dem Pferde einige Pfefferkörner oder Ingwer in den After gesteckt werden, wodurch der Schweif auf kurze Zeit hoch getragen wird; man erkennt diese Manipulation daran, daß die Pferde den Schweif unnatürlich hoch tragen und in der Regel bald nach dem Herausführen aus dem Stalle misten, worauf das Tragen des Schweifes aufhört."*
>
> *Der illustrierte Haustierarzt für Landwirte und Haustierbesitzer, Wilhelm Zipperlen, 1869*

Bei Rassepferden mit Papieren haben betrügerische Zahnmanipulationen wenig Aussicht auf Erfolg.

Auch diese Form der Manipulation ist natürlich eine Schweinerei, ruft aber im Gegensatz zu den oben angeführten operativen Eingriffen keine Dauerschäden hervor. Besonders die Durchtrennung von Nerven kann böse Folgen haben, da an den Nervenenden Wucherungen (Neurome) entstehen können, die in manchen Fällen zu starken und plötzlich eintretenden Schmerzen und in der Folge zur dauerhaften Unreitbarkeit infolge „Bösartigkeit" führen.

Im Zusammenhang mit Alkoholinjektionen wurde immer wieder von Abszeßbildung berichtet, und daß ein solchermaßen verstümmelter Schweif seine wichtigen Funktionen kaum mehr erfüllen kann, liegt wohl auf der Hand. Im Zweifelsfalle sollte die normale Beweglichkeit des Schweifes tierärztlich überprüft werden, allerdings kann diese auch krankheitsbedingt durch Veränderungen im Endbereich der Wirbelsäule herabgesetzt sein. Mehr von historischem Interesse dürften Berichte über die zahllosen Manipulationsmöglichkeiten an den Zähnen, genauer den Schneidezähnen der Pferde sein. Heute, wo das Rassepferd mit gesicherter Abkunft und entsprechenden Papieren und die tierärztliche Ankaufsuntersuchung die Regel und nicht mehr die Ausnahme sind, haben derartige Betrügereien wenig Aussicht auf Erfolg.

„Da das Alter des Pferdes von großem Einfluß auf dessen Wert ist, so werden an den Schneidezähnen mehrfache Veränderungen beziehungsweise Betrügereien vorgenommen, um das Pferd teils jünger, teils älter erscheinen zu lassen. Der letztere Fall ist der seltenere und kommt nur im jugendlichen Alter vor. – Das Verfahren, um das Pferd älter zu machen, besteht darin, daß man die Fohlenzähne früher ausreißt, als sie bei regelmäßigem Wechsel ausgefallen wären, um dadurch den Käufer glaubhaft zu machen, das Pferd habe schon die Fohlenzähne gewechselt. ... Es ist jedoch nicht schwer, einen solchen Betrug zu erkennen, denn bei einer genauen Besichtigung wird man sofort finden, daß der Ersatzzahn in der Höhle des ausgerissenen Zahnes noch gar nicht sichtbar ist, was bei einem natürlichen Wechsel stets der Fall ist und außerdem sind die nächstliegenden Zähne noch nicht in gegenseitige Reibung getreten; das Zahnfleisch ist an der Stelle des ausgerissenen Zahnes stark entzündet, selbst blutig oder über die Zahnhöhle hergewachsen. ... Häufiger jedoch ist der andere Fall, nämlich das Pferd für jünger auszugeben als es ist, und dies geschieht dadurch, daß betrügerische Händler auf der Reibefläche der Schneidezähne an Stelle der schon längst verschwundenen natürlichen Kunde eine neue Vertiefung eingravieren und diese Vertiefung teils durch Brennen, teils durch Aetzen mit einer Säure schwarz färben und hiedurch eine künstliche Kunde hervorbringen. Mitunter wird dann gleichzeitig das Pferd kopfscheu gemacht oder werden starke Stoffe in das Maul gebracht, damit es stark schäume, wodurch die Untersuchung erschwert wird. ... Dieser offenbare Betrug ist jedoch ziemlich leicht zu entdecken, denn während eine natürliche Kunde stets mit ... einem erhabenem, glänzend weißen Rand umgeben ist, findet man bei einer künstlichen Kunde denselben nicht; ferner hat die natürliche Kunde stets eine regelmäßige, der Form der Reibefläche entsprechende Gestalt, die künstliche Kunde dagegen ist teils rund, teils eckig und unregelmäßig, bald groß, bald klein, und meistens auch neben dem erwähnten Ring, statt in der Mitte desselben, weil die Pferde beim Eingravieren der Kunde nicht ruhig halten. ... . Es soll auch schon vorgekommen sein, daß die zu langen Zähne, welche dem Pferde den Stempel eines hohen Alters aufdrücken, abgesägt wurden.“

Der illustrierte Haustierarzt für Landwirte und Haustierbesitzer, Wilhelm Zipperlen, 1869

Viele der überlieferten Beurteilungskriterien mögen heute nicht mehr zutreffen, viele Tricks der alten Roßtäuscher zu unserer Zeit nicht mehr angewendet werden, an ihre Stelle sind neue, moderne Auswahlkriterien, aber auch ebenso aktuelle Methoden zur künstlichen Aufwertung von Pferden getreten, auch wenn eine Betrugsabsicht wohl nur in den allerwenigsten Fällen unterstellt werden darf. Denken wir an die mehr oder weniger dubiosen Techniken, mittels überschweren Beschlags oder zweifelhafter Longiermethoden den Tölt mancher Gangpferde aufzupolieren, denken wir an die gezielte Mast von jungen Halterpferden, an Doping oder andere unsportliche Mittel, so wird klar, daß sowohl beim Pferdekauf als auch während der gesamten Ausbildung der gesunde Menschenverstand, gepaart mit einem guten Teil Tierliebe, eine unerläßliche Voraussetzung für einen echten Pferdemenschen ist. Der Zweck heiligt keinesfalls die Mittel, wenn wir es mit Lebewesen zu tun haben, die unserem Schutz anvertraut sind.

„EIN PFERD, DAS DEM WORT FOLGT,
BEDARF DER SPOREN NICHT"

VON DEN TIPS DER PFERDEFLÜSTERER

Der Begriff „Pferdeflüsterer" hat gute Chancen, zum hippologischen Schlagwort des Jahrhunderts zu werden. Das gleichnamige Buch von Nicholas Evans hat die Praktiken und Fähigkeiten dieser so ganz anderen Pferdeausbilder in den Mittelpunkt des Interesses der gesamten Pferdewelt gerückt, der Film von und mit Robert Redford tut ein übriges, um sie auch unter Nicht-Pferdeleuten bekannt zu machen. Man mag Buch und Film ankreiden,

Schon immer gab es Menschen, die lieber mit Pferden flüstern statt zu schreien.

daß hier auf unzulässige Weise reale Methoden bekannter und namhafter Ausbilder mit überholten Unterwerfungspraktiken vermischt werden, man mag den Inhalt als Schmonzette abtun, doch dies ändert nichts daran, daß eine interessante und heilsame Diskussion ausgelöst wurde.

Pferdeflüsterer mögen momentan in aller Munde sein, neu oder gar bahnbrechend sind ihre Methoden überraschenderweise nicht. Es hat offensichtlich zu allen Zeiten Menschen gegeben die es vorzogen, mit Pferde zu flüstern statt sie anzuschreien, die lieber intensiv auf sie eingingen, statt ihren Willen zu brechen. Neu ist allerdings die weitreichende Verbreitung ihrer faszinierenden Ideen, Techniken und Erfolge über die Medien, die es einem Großteil aller Pferdefreunde erlauben, daran teilzuhaben.

„Ein Pferd, das dem Wort folgt, bedarf der Sporen nicht".

Zwar hat man manchmal den Eindruck, dem einen oder anderen Pseudo-Flüsterer sei mehr an der Selbstdarstellung als am Inhalt seiner Arbeit gelegen, richtige Pferdeleute aber wissen: Nimmt man die Erziehung, Korrektur oder reiterliche Ausbildung eines Pferdes auf sich, so stellt diese Aufgabe nicht allein an die Fähigkeiten und Kenntnisse, sondern auch an die Psyche, den Charakter des Ausbilders höchste Ansprüche. Wer nicht in der Lage ist, sich selbst zurück zu stellen, sich bis zu einem gewissen Maß in seiner Aufgabe zu verlieren, kann vielleicht ein hervorragender Ausbilder sein, ein echter Pferdeflüsterer wird er nicht. Unendlich viel Geduld ist die möglicherweise wichtigste Eigenschaft wirklich begnadeter Pferdeleute: Geduld im Umgang mit dem Pferd, im Erforschen seiner natürlichen Verhaltensweisen, Veranlagungen und Neigungen, Geduld nicht zuletzt auch mit sich selbst, um sein Ziel nicht allzu schnell und dadurch mit Druck zu verfolgen.

> *„Ein guter Horseman sollte nie Angst oder Ärger verspüren."*
>
> *The Breaking, Training and Taming of Horses*
> *John Rarey, nach 1850*

Dieser Anspruch scheint zu hoch, um ihm jemals gerecht werden zu können. Klar, daß man seinen Ärger, Frust, seine unterschwelligen Aggressionen und Launen nicht am Pferd ausläßt, sollte jedem Reiter und Pferdehalter geläufig sein. Tief einatmen und bis zwanzig zählen hilft immer dann, wenn wir im Umgang mit dem Pferd an unsere Grenzen stoßen. Aber wie läßt es sich erreichen, daß man derlei Gefühle gar nicht erst verspürt? Es ist wohl eine Sache der Einstellung, ob ein Erlebnis als negativ, einschränkend und frustrierend empfunden wird oder ob man es neutral als wertvolle Erfahrung wahrnehmen kann. Gelingt eine Übung nicht, so kann ich dies als wichtigen Hinweis auf mangelnde Fähigkeiten bei mir oder bei meinem Pferd ansehen, kann überlegen, ob der Zeitpunkt richtig gewählt wurde, ob die Vorbereitung der Schwierigkeit der Übung angemessen war, oder kann einfach daraus schließen, daß heute wohl nicht der richtige Tag dafür ist. Ich kann die Angelegenheit natürlich auch persönlich nehmen oder als Hindernis

auf dem Weg zu einem als wichtig empfundenen Ziel, dann aber melden sich sofort Ärger und Wut. Wer also ein guter Horseman sein möchte, muß eine entsprechende Einstellung zu sich, seinem Pferd und zur gemeinsamen Arbeit mitbringen, die heiligmäßige Geduld stellt sich dann fast von selbst ein (hoffentlich ...).

> *„Wer ein Pferd zu pflegen hat, muß sich viel mit ihm abgeben; sogar scheue, ängstliche oder bösartige Pferde lassen sich von einem guten Pfleger, der sie energisch, aber niemals schlecht behandelt, schirren, satteln, putzen, Füße aufheben und an allen Stellen des Körpers anfassen. ... Der Pferdepfleger muß seine Pferde so erziehen, daß sie sich am ganzen Körper ohne Unruhe zu zeigen anfassen lassen. Sind Pferde bösartig, so trägt der Pfleger einen großen Teil der Schuld daran."*
>
> *Der Dienstunterricht für den Kanonier und Fahrer der Feldartillerie, Wernigk-Trautz, Berlin 1914*

> *„Ist ein Pferd ungehorsam, so ist dies die Schuld des Menschen."*
>
> *The Breaking, Training and Taming of Horses*
> *John Rarey, nach 1850*

Bösartigkeit oder Ungehorsam des Pferdes aufgrund falscher Behandlung durch den Menschen, dieser Zusammenhang ist uns inzwischen geläufig. Wir bemühen uns, durch eine artgerechte Unterbringung, einen der Reife des Pferdes entsprechenden Ausbildungsbeginn und eine seinen individuellen Fähigkeiten entsprechende Arbeitsweise dazu beizutragen, daß unser eigenes Pferd nicht zu diesen armen Vierbeinern gehört. Doch auch unsere Bemühungen können daneben gehen, manche Pferde sind vielleicht schon in ihrer Jugend verdorben worden oder in falsche Hände geraten.

Angela mußte „pferdisch" lernen, um Problempferd „Fury" zu helfen.

Über einen Mangel an Beschäftigung können sich die Flüsterer unter den Ausbildern jedenfalls nicht beklagen, besteht doch ihre Arbeit nur zu einem Bruchteil in der Ausbildung eigener Pferde oder der Korrektur fremder Problempferde. Weitaus wichtiger und langfristig bedeutender ist die Weitergabe ihres Wissens und ihrer Erfahrungen an lernbegierige Laien, die zuhauf mit oder ohne eigenes Pferd in die Kurse und Schulungen der Meister strömen. Da es oft schwer fällt, hier die Spreu vom Weizen zu trennen und neben einigen begnadeten Pferdeleuten auch eine Menge pseudowissenschaftlicher Gurus ihr Unwesen treiben, ist oft langes Suchen angesagt, bevor man fündig wird.

Die Methoden, die bevorzugten Ausrüstungsgegenstände und die Art und Weise der Vermarktung (oder auch das Fehlen einer gezielten Vermarktung) mögen unterschiedlich sein, in einigen Punkten stimmen alle guten Pferdeflüsterer überein.

> *„Die drei fundamentalen Prinzipien sind:*
> 1. *Kontrolle - durch das Erlernen von Unterordnung und Sanftheit. Diese erste Lektion ist von größter Bedeutung, und ist seiner späteren Erziehung das, was das Erlernen des Alphabetes dem Jungen ist; und sollte vollkommen gelernt sein, damit die spätere Ausbildung einfach und erfolgreich werde.*
> 2. *Lasse alle Deine Handlungen mit dem Pferd von Freundlichkeit getragen sein.*
> 3. *Appelliere auf richtige Art an das Verständnis des Pferdes, verknüpfe dabei Herrschaft mit Freundlichkeit; strafe falsches und belohne richtiges handeln."*
>
> *Gleason's Horse Book, Oscar Gleason, 1892*

Kontrolle – nicht zu verwechseln mit Unterwerfung; Freundlichkeit – nicht dasselbe wie Gleichgültigkeit; an den natürlichen Fähigkeiten des Pferdes orientiertes, für dieses nachvollziehbares Handeln des Menschen – kein pseudowissenschaftliches Gelaber: Auf diesen Grundsätzen läßt sich ein harmonisches und positives Miteinander von Pferd und Mensch aufbauen. Grundlage unseres Umgangs muß die genaue Kenntnis der natürlichen Verhaltensweisen des Pferdes sein, wir müssen lernen, „pferdisch" zu denken, zu sprechen, zu handeln. Dem Pferd als Herdentier mit einer gut strukturierten Rangordnung ist die Unterordnung unter einen Ranghöheren nicht fremd, Freundschaften über mehrere Ränge hinweg sind alltäglich und der grundsätzliche Umgang des sozialen Pferdes mit seinen Artgenossen wird durch die hohe soziale Intelligenz jedes Individuums geprägt. Diese Veranlagungen kann der Mensch für sich nutzen, indem er einerseits den höheren Rang für sich beansprucht, gleichzeitig aber dem Pferd seine Freundschaft anbietet. Dabei darf nicht vergessen werden, daß der Herdenchef durchaus nicht das Leben eines faulen Despoten führt, sondern sehr viele Pflichten zu den wenigen Rechten des Bosses hinzukommen. Wollen wir Menschen die Rolle des Chefs übernehmen, müssen wir auch unseren Anteil an Verantwortung tragen und dürfen nicht nur ständig auf unsere Rechte pochen.

> *„Verwende große Sorgfalt darauf, das Pferd während der Lektion nicht aufzuregen, denn wenn es erregt ist, wird sein Denken getrübt, und es kann Hilfen nicht verstehen."*
>
> *Gleason's Horse Book, Oscar Gleason, 1892*

Wer sein Pferd während der Arbeit unter Druck setzt, löst damit den vielleicht stärksten Trieb im Leben seines Vierbeiners aus: Den Fluchttrieb. Glaubt das Pferd, einen Anlaß für Flucht wahrzunehmen - auch wenn dieser für uns Menschen nicht als solcher erkennbar ist - so löst der blitzschnell angesprochene Fluchttrieb eine sofortige Unterdrückung aller anderen Bedürfnisse aus. Flucht und damit die Rettung des eigenen Lebens hat nun einmal Vorrang vor Durst, Hunger oder der Angst vor Bestrafung durch den Menschen, der den vermeintlichen

*Ohne Druck lernt
Pferd am besten.*

Ungehorsam seines Pferdes fälschlich als Rebellion, als Arbeitsunlust interpretiert. Ganz schnell entsteht ein Teufelskreis, aus dem Reiter und Pferd ohne fremde Hilfe nicht mehr ausbrechen können. Wieder ein Fall für den Pferdeflüsterer!

Der Laie oder Reitanfänger stellt sich häufig das Anreiten eines Jungpferdes als besonders schwierige, ja lebensgefährliche Aufgabe vor, bei der das ungebärdige, halbwilde Tier nur durch eine Kombination aus Muskelkraft und eisernem Willen zur Räson gebracht werden kann. Tatsache ist, daß jeder Ausbilder sich sämtliche Finger nach rohen, also nicht gearbeiteten Pferden schleckt: Wer noch nichts gelernt hat, hat mit Sicherheit auch noch nichts Falsches gelernt! Zwar setzt das Anlongieren oder Anreiten junger Pferde besonders große Fähigkeiten und viel Erfahrung auf Seiten des Ausbilders voraus, eine Angelegenheit für todesmutige Rambos ist sie dennoch nicht. Weiß der Trainer die jedem jungen

*Ein guter Reiter
lernt nie aus.*

Lebewesen innewohnende natürliche Neugierde und Aufgeschlossenheit für sich zu nutzen, geht er mit echtem horsemanship an seine Aufgabe, wird er Anschläge auf sein Leben wohl kaum zu befürchten haben.

> *„Die ersten Eindrücke sind die stärksten, anhaltendsten. Ein Pferd, welches einmal auf gewöhnliche Art eingebrochen werden sollte und dem mit Erfolg widerstand; soll heißen, seinen Reiter abwarf um davon zu rennen - oder eines, welches geschlagen, gepeitscht oder anderweitig schlecht behandelt wurde - ist um einiges schlechter dran als ein Pferd, welches noch nie berührt wurde; denn es ist viel schwerer, zu verlernen, als zu lernen.*
> *Eine sanfte Hand vermag den Elefanten bei einem Haar zu leiten."*
>
> Tachyhippodamia, Willis Powell, nach 1850

Einen großen Stellenwert in der Ausbildung des Pferdes nimmt die Gewöhnung an allerlei optische und akustische Eindrücke ein. Dahinter steht zum einen die Notwendigkeit, in unserer dicht besiedelten Landschaft jedes Pferd mit Motorrädern, Baggern, Traktoren, flatternden Planen, Kindergeschrei und Hundegebell vertraut machen zu müssen, zum anderen aber auch eine Hebung des Selbstbewußtseins des Pferdes und eine Vertiefung der Bindung zwischen Mensch und Pferd. Stellen sie sich gemeinsam den „Gefahren" und sorgt der Mensch in seiner Rolle als Herdenboß dafür, daß dem Pferd kein Leid geschieht, so wird es sich im Laufe der Zeit immer bereitwilliger der Führung seines Chefs anvertrauen und gleichzeitig Selbstbewußtsein aus der Bewältigung von Gefahrensituationen ziehen.

> *„In einem gewöhnliche Falle, da ein Pferd sich vor einem Regen- oder Sonnenschirm fürchtet, führe man einen geschlossenen Schirm sanft an dessen Nase, über den Kopf und das Genick; öffne ihn dann ein wenig und wiederhole dies, bis er völlig geöffnet über und um den gesamten Körper geführt werden kann. Wie gut sich auch immer das Pferd dabei verhalte, sollte der Schirm ihm doch niemals schnell oder unerwartet aufgedrängt werden, daß es sich dabei aufregen könnte. So zu handeln, hieße die zuvor gemachten guten Erfahrungen zu gefährden."*
>
> Standard Horse and Stock Book
> Dennis Magner, 1887

Ein weiteres Plädoyer für Geduld auf seiten des Ausbilders und der Hinweis, daß ein einziger Moment der Ungeduld die ganzen zuvor erreichten Fortschritte zunichte machen kann. Es sind erfahrungsgemäß vor allem die „einfachen", sich anbietenden Pferde, die überfordert werden, weniger die schwierigen Charaktere oder gering veranlagten Kollegen. Je mehr sich das Pferd anbietet, je bereitwilliger es auf die Anleitung durch den Trainer eingeht, desto schneller wird das Tempo der Ausbildung, desto höher die Anforderungen. Dies geht aber nur solange gut, bis einem von beiden die Luft ausgeht oder der Geduldsfaden reißt, dann verlangt ein weiteres sauer gerittenes Pferd nach dem Pferdeflüsterer.

> *„Ein Ross, das wol vom Bereitter abgericht ist vnd im Stall stehen bleibt, vergist, was es auff der Reittschul gelernt."*
>
> Deutsches Sprichwörter-Lexikon
> Ein Hausschatz für das Deutsche Volk
> Karl Friedrich Wilhelm Wander, 1867

Ebenso, wie die Neugierde des Pferdes dem Ausbilder die Arbeit erleichtert, vermag auch der Pferdeflüsterer wie der durchschnittliche Pferdefan

Ihr Pferd hat Ihnen viel zu sagen - hören Sie einfach gut zu!

nissen belohnt. Er wird aber auch nie ausgelernt haben.

Tja, damit endet der Ausflug in die Pferdekunde unserer Altvordern. Eigentlich haben sie uns noch viel mehr zu sagen, doch schon diese wenigen Auszüge haben Ihnen vielleicht Appetit auf mehr gemacht.

Wenn Ihnen die schönen, teilweise recht deftigen Kleinode aus dem Deutschen Sprichwörter-Lexikon ebenso gut gefallen haben wie mir, danken Sie mit mir zusammen meinem Bruder Achim dafür, der in diesem alten Schinken tief getaucht ist und so manche Kostbarkeit ans Tageslicht befördert hat (mir persönlich hat ja der Merksatz mit dem Mund und dem ... und wie damit beim Reiten und in der Gesellschaft zu verfahren sei, am besten gefallen, muß ich gestehen). Also, Dankeschön, Bruderherz!

Und anstatt dieses Buch mit einem der bekannten und ein wenig abgeschmackten Zitate über das Glück der Erde oder den Reiter, der eben ohne Pferd nur ein Mensch sei, zu beenden, stelle ich ganz bewußt nur den einen Satz ans Ende:

durch dauernde Neugierde und beständige Aufnahmefähigkeit seine Fähigkeiten ständig zu erweitern und zu vertiefen. Den Satz „Ich kann reiten!" nimmt der wahre Pferdemensch deshalb nur ungern in den Mund. Wer die Beschäftigung mit seinem Freund Pferd als täglich neue Erfahrung wahrnimmt, wird mit immer neuen Erkenntnissen und freudvollen Erleb-

> *„Besser demütig geritten als stolz zu fuss gegangen."*
>
> *Deutsches Sprichwörter-Lexikon*
> *Ein Hausschatz für das Deutsche Volk,*
> *Karl Friedrich Wilhelm Wander, 1867*

Ein bißchen Demut ist nämlich gut fürs Gemüt.

BIBLIOGRAFIE

Der Dienstunterricht für den Kanonier
und Fahrer der Feldartillerie
Wernigk-Trautz, Berlin 1914

Von der Koppel bis zur Kapriole
Waldemar Seunig, Berlin 1943

Der illustrierte Haustierarzt für Landwirte
und Haustierbesitzer
Wilhelm Zipperlen, Ulm 1869

Ein Beitrag zur Geschichte der
Pferdefütterung
Werner Wilhelm Krause, Berlin 1933

Das Buch vom Pferde
Graf C. G. Wrangel, Stuttgart 1888

Reitkunst
Francois Robichon de la Gueriniere,
Marburg 1817

Deutsches Stichwürter-Lexikon
Karl Friedrich Wilhelm Wander, 1867